Helga Baumgarten

Kein Frieden für Palästina

Bibliografische Information der Deutschen Bibliothek:
Die Deutsche Bibliothek verzeichnet diese Publikation
in der Deutschen Nationalbibliografie.

Detaillierte bibliografische Daten sind im Internet
über http://dnb.ddb.de abrufbar

Coverfoto: Timon Studler, unsplash.com

3. unveränderte Auflage 2024

Druck: Custom Printing, Warszawa
Printed in Poland
ISBN: 978-3-85371-496-6

E-Mail: promedia@mediashop.at
Web: www.mediashop.at
www.verlag-promedia.de

Helga Baumgarten

KEIN FRIEDEN FÜR PALÄSTINA

Der lange Krieg gegen Gaza
Besatzung und Widerstand

PROMEDIA

Die Autorin

Helga Baumgarten, geboren 1947 in Stuttgart, studierte Geschichte, Politik und Orientalistik an den Universitäten Tübingen, New York, London, Beirut und Berlin. Von 1993 bis 2020 lehrte sie Politikwissenschaft an der Universität Birzeit, wo sie u. a. das Master-Programm »Democracy and Human Rights« leitete und bis heute Doktorarbeiten betreut.

Sie hat international zum Nahostkonflikt, zum palästinensischen Nationalismus und zum Politischen Islam publiziert, unter anderem ihre klassische Arbeit zur palästinensischen Nationalbewegung, »Palästina. Befreiung in den Staat« (Suhrkamp 1991) sowie ihre Untersuchung zum politischen Islam in Palästina, »Hamas« (Diederichs 2006).

Im Gedenken an die Opfer der israelischen Kriege gegen Gaza
Für die Kinder von Beit Hanun bis Rafah

Danksagung

Ohne das große Interesse des Promedia Verlags an meinem Projekt und die Bereitschaft, es sofort aufzunehmen, hätte dieses Buch nie publiziert werden können. Dafür gebührt Hannes Hofbauer und Stefan Kraft mein großer Dank. Dank geht auch nach Berlin an meinen langjährigen kritischen Leser und guten Freund und Kollegen Arno Schmitt, der schon viele meiner Arbeiten immer wieder mit scharfen Augen durchgelesen und mich auf Fehler aufmerksam gemacht hat. Noch bleibende Fehler sind ausschließlich meine Verantwortung.

Inhalt

Vorwort

Jedes Buch hat seine Geschichte. Dieses ist entstanden als Reaktion auf den palästinensischen Widerstand gegen Besatzungsgewalt und ethnische Säuberung in Ost-Jerusalem sowie auf den Krieg Israels gegen die Menschen im Gaza-Streifen.

Ein kurzes Interview von gerade vier Minuten im *ZDF*-Mittagsmagazin am 12. Mai 2021 führte zu einer von mir völlig unerwarteten Reaktion zigtausender Menschen in Deutschland und lehrte mich sehr viel über das Land, in dem ich geboren und aufgewachsen bin. Zahllose deutsche Mitbürger muslimischen Glaubens schickten mir E-Mails, um sich schlicht und einfach für mein Interview zu bedanken. Für sie war es offensichtlich eine unerwartete und neue Erfahrung, dass im deutschen Fernsehen jemand offen Kritik an Unrecht übt, in diesem Fall an der israelischen Besatzung. Und es war für sie wichtig, dass ich die palästinensischen Muslime in Jerusalem als Menschen wie du und ich zeichnete und erzählte, wie sie ihre Feste feiern wollen und daran gehindert werden, wie entsetzlich und demütigend die Gewalt der israelischen Grenzpolizei auf dem Haram asch-Scharif für sie ist und wie sie dagegen Widerstand leisten. Sie schrieben mir in immer neuen Formulierungen, wie sie in Deutschland als Menschen zweiter Klasse angesehen und behandelt werden und wie sie die Medien als Extremisten abstempeln. Immer wieder, so hieß es, fühlten sie sich gedemütigt, obwohl sie einfach auf Respekt und Anerkennung ihrer menschlichen Würde warten.

Dieses Buch ist nicht zuletzt eine Antwort darauf und mein Versuch, diesen gerade auch für Muslime so zentralen Konflikt um Jerusalem und Palästina aus der Perspektive der Opfer darzustellen und zu analysieren.

Helga Baumgarten
Jerusalem/al-Quds, im Juli 2021

Einleitung: »Wir wollen unsere Freiheit, und wir wollen sie jetzt«

Jerusalem und Gaza, Palästina und Israel haben, wieder einmal, weltweit die Schlagzeilen dominiert. Gewalt auf dem Haram asch-Scharif, dem drittheiligsten Ort für Muslime weltweit, Zusammenstöße zwischen Jugendlichen und der schwer bewaffneten israelischen Grenzpolizei am Damaskus-Tor in Jerusalem wegen Polizeiabsperrungen trotz Ramadan, Demonstrationen im Stadtteil Scheikh Jarrah gegen die drohende Vertreibung der Bewohner aus ihren Häusern, schließlich »Raketen«-Beschuss auf Israel aus dem Gaza-Streifen und eine brutale Bombardierungskampagne der israelischen Armee gegen Gaza.

Worum ging es, worum geht es bis heute?

Geht es um den Widerstand der Palästinenser gegen die israelische Besatzung und um ihren Kampf um Freiheit und ein Leben in Würde? Oder geht es um Israels »Recht auf Selbstverteidigung« gegen den Beschuss aus dem Gaza-Streifen, Selbstverteidigung durch einen Angriffskrieg, der zuerst und vor allem die Zivilbevölkerung dort trifft? Die Antwort auf diese Frage durch die Regierungen in Berlin und Wien war unmissverständlich. In Wien wurde die israelische Flagge auf dem Bundeskanzleramt gehisst, in Berlin war ausschließlich die Rede vom Selbstverteidigungsrecht Israels. Bei seinem Blitzbesuch in Israel konzentrierte sich der deutsche Außenminister Maas allein auf den israelischen Standpunkt. Die Menschen im Gaza-Streifen schienen für ihn nicht zu existieren.

In einem Buch, konzipiert für Leser im deutschen Sprachraum, vor allem in Österreich und Deutschland, kommt man nicht umhin, den ganz besonderen Umgang Deutschlands und Österreichs (vor allem auf der Ebene der politischen Eliten) mit Palästina und Israel an den Anfang zu stellen.

Der Konflikt in der nahöstlichen Region scheint bei uns zwei Dimensionen anzunehmen:

1.) die reale Situation vor Ort: Sie wird vor allem von den politischen Eliten, und zumindest in deren öffentlichen Erklärungen, systematisch verdrängt bzw. ausschließlich aus der Sicht des israelischen Establishments wahrgenommen.

2.) der hegemoniale Diskurs in Österreich und Deutschland: Er besteht aus einem Narrativ, mit dem die Wahrnehmung der Situation und der realen Entwicklungen vor Ort verzerrt oder sogar völlig verhindert wird.

Die reale Situation vor Ort, und hier sind sich die Spezialisten weltweit einig, ist bestimmt von einem seit 1967 andauernden Besatzungsregime, von Siedlerkolonialismus, ethnischer Säuberung und einem spezifisch nahöstlichen System der Apartheid.

Im europäischen Diskurs, insbesondere im deutschsprachigen, wird dagegen, gerade in Krisenzeiten, diese real existierende Besatzung schlicht übersehen. Der Gaza-Streifen mit seinen 2 Millionen Bewohnern, die gesamte Gesellschaft dort, wird »uminterpretiert« zur »Hamas«, also zu »Terroristen« und »radikalen Islamisten«. Unsere Regierungen und politischen Eliten werden dabei nicht müde zu betonen, dass sie unverbrüchlich auf der Seite Israels stehen und gegen jede Art von Antisemitismus entschieden vorgehen. Dies gelte vor allem, wenn dieser neue Antisemitismus, wie immer wieder hervorgehoben wird, von Muslimen – ob Staatsbürger, Migranten oder Asylsuchende – demonstriert wird. Während sie, wie sie immer wieder herausstreichen, eine Form des Rassismus bekämpfen, entwickeln sie eine andere Form des Rassismus, nämlich Islamophobie, und scheinen sich dessen noch nicht einmal bewusst zu sein. Gleichzeitig übersehen sie immer wieder großzügig, dass Antisemitismus zuerst und vor allem Teil der Ideologie der extremen Rechten ist. Sie vergessen, dass die Vernichtung der europäischen Juden[1] das Werk des rechtsextremistisch-faschistischen

1 Raul Hilberg 1985. The Destruction of the European Jews. New York: Holmes and Meier. 3 volumes (revised and definitive edition). Ich verwende hier den Begriff, den

Nazi-Regimes und seiner Unterstützer war, als dessen Erben sich heute wieder extremistische Rechte in Deutschland verstehen. Muslime tragen dafür keine Verantwortung.

Dieses Buch versucht, Aufklärung zu leisten, indem es den Blick auf die Realitäten im historischen Palästina lenkt, also in dem 1948 errichteten Staat Israel und in den palästinensischen Gebieten Gaza, Ost-Jerusalem und West Bank, die sich seit 1967 unter israelischer Besatzung befinden.

Was also passierte im Mai 2021, zuerst in Jerusalem, danach in Gaza und Israel und schließlich im gesamten Territorium zwischen Mittelmeer und Jordan, das seit 1967 unter ausschließlicher israelischer Kontrolle steht?

Ausgelöst wurden die Ereignisse im Mai 2021 von einem präzedenzlosen Vorgehen der israelischen Polizei und Grenzpolizei (in Jerusalem wird nicht die israelische Armee eingesetzt, sondern die Grenzpolizei, deren Uniformen wie Armee-Uniformen aussehen) am Damaskus-Tor, also einem der Tore, durch die man in die Altstadt gelangt. Vor allem Jugendliche versammeln sich auf dem großen Treppen-Rondell vor dem Tor an den Abenden des Fastenmonats Ramadan, um dort zu feiern. Völlig überraschend wurden die Treppen gesperrt und keiner durfte sich dort aufhalten. Die gesamte Polizeiaktion machte keinerlei Sinn und wurde von den Jugendlichen als inakzeptable Schikane verstanden. Es kam Abend für Abend zu zunehmend gewaltsameren Zusammenstößen, bis die Polizeiführung sich eines Besseren besann und das Damaskus-Tor wieder frei gab.

In der Zwischenzeit hatten sich auch auf dem Haram asch-Sharif permanente Spannungen entwickelt, vor allem nach den abendlichen Gebeten, die nach dem Fastenbrechen abgehalten werden und zu denen täglich Zehntausende pilgern, die Frauen in den Felsendom (*as-sakhra*), die Männer in die Aqsa-Moschee. Die palästinensischen Gläubigen sahen sich immer wieder von den israelischen

Hilberg benutzt, da er nicht abstrakt daherkommt. Vernichtung der Juden drückt klar aus, was die Deutschen damals getan haben.

Sicherheitskräften provoziert, ob Grenzpolizei oder Geheimdienst, und immer wieder kam es zu gewaltsamen Auseinandersetzungen, die schließlich das gesamte Terrain des Haram asch-Scharif inklusive des Inneren der Aqsa-Moschee in ein Schlachtfeld verwandelten. Viele Palästinenser wurden verletzt, zum Teil sehr schwer.

Parallel dazu spitzte sich eine schon seit Jahren schwelende Krise im Stadtteil Scheikh Jarrah, knapp zwei Kilometer nördlich vom Damaskus-Tor, zu. Dort sollen palästinensische Bewohner aus ihren Häusern verdrängt werden. Sie sind ausnahmslos Flüchtlinge von 1948, die damals aus ihren Dörfern und Städten von der israelischen Armee vertrieben wurden. In Scheikh Jarrah leben sie seit den 1950er-Jahren auf der Basis eines Abkommens zwischen Jordanien und der UN-Hilfsorganisation UNRWA. Extremistische israelische Siedler wollen an ihrer Stelle dort einziehen, also mitten hinein in ein palästinensisches Stadtviertel. Sie argumentieren, dass Juden in der zweiten Hälfte des 19. Jahrhunderts Land in dieser Gegend gekauft hätten. Ihre Ansprüche versuchen sie gerichtlich durchzusetzen. Im Mai 2021 sollten die Palästinenser ihre Häuser räumen und Platz für die Siedler machen, so der Beschluss israelischer Gerichte.

Eine breite Solidaritätsbewegung mit täglichen Demonstrationen bildete sich heraus. Schon seit Jahren demonstrieren jeden Freitag linke jüdische Israelis in Solidarität mit den Palästinensern, darunter auch bekannte Namen wie der Schriftsteller David Grossmann. Im Mai 2021 nun entwickelte sich dies zu einer permanenten Solidaritäts-und Widerstandsbewegung mit einer breiten Beteiligung junger Palästinenserinnen und Palästinenser, in der Mehrzahl aus Jerusalem und aus Israel.

Die Zusammenstöße am Damaskus-Tor, die konstanten Probleme auf dem Haram während des Ramadan und schließlich die drohende Vertreibung palästinensischer Familien in Scheikh Jarrah eskalierten bis Ende des Ramadan zu einem explosiven Gemisch aus Empörung und Bereitschaft, die Verschärfung der israelischen Besatzung nicht länger hinzunehmen.

Diese Entschiedenheit, nicht länger zu schweigen und der israelischen Unterdrückung untätig zuzuschauen, erfasste schließlich die Gläubigen im Haram asch-Scharif, die sich dort nach dem Gebet für ihre Landsleute in Scheikh Jarrah einsetzten. Amira Hass dokumentierte in *Haaretz* die Entwicklungen auf dem Haram am Freitag, dem 7. Mai, dem letzten Freitag im Ramadan, einem ganz besonderen Tag, an dem jeder, dem es irgendwie möglich ist, nach dem Fastenbrechen zum Haram pilgert. Ihr Interviewpartner berichtet: »Die Atmosphäre war ruhig, angenehm, von überall her waren Familien gekommen, aus dem Norden, aus Jerusalem und aus der West Bank. Die Spannung entstand an einem der Tore zum Haram, wo sich israelische Polizisten in großer Zahl versammelten und die Menschen auf dem Haram in Angst vor einem Angriff gegen sie versetzten. Jugendliche warfen leere Plastikflaschen, um zu signalisieren, dass die Polizei abziehen sollte. Diese attackierten jedoch und begannen sofort, mit Lärm- und Gummigeschossen zu feuern. Muslimische Geistliche riefen die Polizei über Lautsprecher auf, nicht in den Haram einzudringen und forderten Mäßigung. Aber all dies war vergeblich. Innerhalb kürzester Zeit waren über 200 Menschen verletzt worden, durch Gummikugeln vor allem, die von den Soldaten oft gezielt auf Kopf oder Gesicht abgeschossen wurden. Amira Hass zitiert ihren Interviewpartner: »Ein Soldat, der auf mich feuerte (der junge Mann war klar als Journalist ausgewiesen), war etwa 50 m von mir entfernt. Ich hatte meine Kamera in der Hand, sah ihn direkt an. In dem Moment, in dem er schoss, drehte ich mich um, und wurde deshalb auf dem Rücken, unterhalb meiner Schulter, getroffen. Dies war gezieltes Schießen auf mich, nicht ein zufälliger Schuss«. Obwohl er durch den Schuss eine gebrochene Rippe hatte, blieb der junge Mann bis zum nächsten Morgen, mit fast allen Menschen, die dort abends zum Gebet gekommen waren und die wegen der Polizeigewalt den Haram nicht mehr verlassen konnten.[2]

2 Amira Hass, *Haaretz*, 31. Mai 2021. »Every minute at Al-Aqsa another Palestinian was injured«

Die Solidaritätsdemonstrationen verbreiteten sich selbst unter den palästinensischen Staatsbürgern Israels sehr schnell. Sie waren schon während des gesamten Ramadan mobilisiert worden, da sie jeden Freitag zum Beten nach Jerusalem gekommen und dort mit den Entwicklungen am Damaskus-Tor, im Haram selbst und den Auseinandersetzungen in Scheikh Jarrah konfrontiert worden waren. Auch in der West Bank wurden die ersten Demonstrationen durchgeführt, anfangs noch weitgehend unterdrückt durch das autoritäre Regime in Ramallah und seine Geheimdienste.

Schließlich sprang der Funke auch auf den Gaza-Streifen über. Nach den ersten Demonstrationen der Solidarität aus der Gesellschaft und seitens vieler Nichtregierungsorganisationen stellte die in Gaza regierende Hamas (seit ihrem Wahlerfolg bei den Parlamentswahlen 2006) Israel ein Ultimatum: Verlasst den Haram asch-Scharif, unterlasst die Gewalt dort, zuerst und vor allem innerhalb der Moscheen, und stoppt den Versuch, die Palästinenser in Scheikh Jarrah zu vertreiben. Die Hamas stellte damit Forderungen an Israel, die mit Gaza nichts zu tun hatten, die aber demonstrierten, dass alle Palästinenser, egal wo und wie sie leben, zusammenstehen und eine Gesellschaft, eine Nation bilden. Wenn es Probleme gibt, so die Botschaft, unterstützen sich alle gegenseitig.

Das Ultimatum wurde von Israel zurückgewiesen und ab dem Abend des 10. Mai wurde aus Gaza geschossen: durch die Hamas, den Islamischen Jihad und durch zwei linke Organisationen, die PFLP und die DFLP. Israel reagierte, wie schon immer in der Vergangenheit, absolut unverhältnismäßig und bombte den Gaza-Streifen wieder einmal brutal zusammen. Massivste Zerstörungen: Wohnhäuser, Krankenhäuser, Schulen, Moscheen, Opfer vor allem unter der Zivilbevölkerung, Kinder (fast 70), Frauen, unbeteiligte Männer; über 250 Tote, fast 2000 Verletzte. In Israel gab es 13 Tote, darunter 2 Kinder und fast 120 Verletzte.

Die israelische Armee operierte auf der Basis der Dahiya-Doktrin (entwickelt von General Eisenkot nach dem Libanon-Krieg

2006 und zuerst 2014 in Gaza umgesetzt).[3] Diese Doktrin verlangt die Anwendung von unverhältnismäßiger Gewalt sowie die Zerstörung der zivilen Infrastruktur, da diese potenziell von bewaffneten Militanten in Gaza benützt werden könnte. Der französische Journalist Alain Gresh formulierte in *Le Monde Diplomatique* im Juni 2021, dass »keine andere Armee der Welt offen eine Doktrin des ›Staats-Terrorismus‹ formuliert habe« (angewandt worden sei sie aber z. B. von den USA im Irak und von Russland in Tschetschenien).[4]

Am 21. Mai 2021 wurde durch ägyptische Vermittlung ein Waffenstillstand geschlossen, der auch noch im Juli hielt. An der Lage änderte sich aber nichts. Gaza blieb abgeriegelt, die West Bank stand weiter unter Besatzung und die Palästinenser in Israel behielten ihren Status als Bürger zweiter Klasse. Die israelische Polizei in den gemischten israelischen Städten wie Lydda (Lod) oder Haifa, aber auch überall in den mehrheitlich palästinensischen Orten in Israel (innerhalb der Grenzen von 1967) griff kompromisslos durch, allerdings fast ausschließlich gegen Palästinenser.[5] Dasselbe spielte sich in Ost-Jerusalem in den palästinensischen Stadtvierteln ab sowie seitens der Armee in der West Bank: massenhaft Verhaftungen und immer wieder Einsatz von Schusswaffen, um deutlich zu machen, wer die Macht im Lande hat.

Scheikh Jarrah ist vollständig abgeriegelt und nur zugänglich für die jüdischen Siedler (völlig problemlos und praktisch ohne Kontrolle) und die dort noch lebenden palästinensischen

3 Gabi Siboni, INSS Insight no. 74, Oct. 2, 2008. »Disproportionate Force: Israel's Concept of Response in Light of the Second Lebanon War«. (Institute for National Security Studies inss.org.il). *TRT World*, 14. May 2021. »According to established Israeli military policy every Gaza is a target … and that's not an accident«. Gadi Eisenkot. Military and Strategic Affairs vol. 2, no. 1, June 2010: »A Changed Threat? The Response on the Northern Area«.

4 Alain Gresh. *Le Monde Diplomatique* (English edition) Juni 2021. »Can Israel win its endless wars on the Palestinians?«

5 Josh Breiner. *Haaretz.* 3. Juni 2021 »Israel Police arrested over 2,000 people since Gaza op – 91 % of them Arab. Vgl. auch Jack Khoury. *Haaretz.* 28. Mai 2021. »Israeli police aren't seeking law and order, but to silence Arab citizens«.

Hauseigentümer, die hart und zeitaufwendig kontrolliert werden. Dabei gehen die Solidaritätsdemonstrationen ungebrochen weiter. Immer wieder attackiert die Polizei die Demonstrierenden.[6]

In Gaza leben die Menschen mitten in einem zerbombten Land, oft ohne Strom, ohne funktionierende Wasserversorgung, mit einem Minimum an Lebensmitteln und fast keinen Materialien, um mit dem Wiederaufbau zu beginnen.[7] Gleichzeitig feiern Anhänger der Hamas ihren Sieg. Darunter verstehen sie, dass sie bis zum Schluss gegenhalten und schließlich einen Waffenstillstand durchsetzen konnten … auch wenn der Preis dafür enorm hoch war.

In den westlichen Medien, vor allem aber in der deutschsprachigen Presse, wird die Hamas zusammen mit den anderen Gruppierungen in Gaza als Angreifer gebrandmarkt, gegen den sich Israel wehren muss, um seine Bevölkerung zu schützen. Nelson Mandela schrieb dazu in seinen Memoiren, dass es immer der Unterdrücker – nicht der Unterdrückte – ist, der diktiert, welche Form der Kampf annimmt. Wenn der Unterdrücker Gewalt anwendet, dann haben die Unterdrückten keine andere Wahl, als mit Gewalt zu antworten.[8]

Der oben zitierte Alain Gresh zieht deshalb eine gerade Linie von der Rebellion der Palästinenser in Jerusalem, also am Damaskus-Tor, auf dem Haram asch-Scharif und in Scheikh Jarrah zu den »Raketenangriffen« der Hamas und des Islamischen Jihad auf Israel.

Der entscheidende Erfolg dieser palästinensischen Rebellion ist wohl in einer historisch einmaligen Vereinigung aller Palästinenser

6 Am 5. Juni 2021 ging die israelische Grenzpolizei so weit, zwei Journalisten von *al-Jazeera*, die die Demonstrationen in Sheikh Jarrah dokumentierten, zu verhaften, bei der Verhaftung regelrecht zusammenzuschlagen und etwa sieben Stunden festzuhalten, ehe die Journalistin, Dschivara Budeiri, und ihr Kameramann freigelassen wurden.

7 Amira Hass. *Haaretz*, 31. Mai 2021 zur mangelnden Stromversorgung, und am 2. Juni 2021 zum dramatischen Wassermangel.

8 Nelson Mandela. 1995. Long Walk to Freedom: The Autobiography of Nelson Mandela. Boston. Zitat hier übernommen von Jamie Wilson. 2014. Learning from Mandela. University of Washington. »… the state was responsible for the violence … and that it is always the oppressor, not the oppressed, who dictates the form of struggle«.

zu sehen. Palästinenser aus Israel, die sich nicht mehr, wie in israelischem Verständnis, als israelische Araber definieren, sondern als Palästinenser mit israelischer Staatsangehörigkeit, Palästinenser aus Ost-Jerusalem, Palästinenser aus der West Bank, Palästinenser aus dem Gaza-Streifen, Palästinenser in den Flüchtlingslagern im Libanon, Syrien und Jordanien, und schließlich Palästinenser weltweit, egal wo sie leben und egal, wie ihre Lebensumstände sind, standen und stehen. Sie alle stehen bis heute (Mitte Juli 2021) vereint und geschlossen zusammen, gegen die israelische Besatzung, gegen den neuen Krieg Israels gegen Gaza, gegen die versuchte Vertreibung aus Scheikh Jarrah, also gegen ethnische Säuberung, gegen Siedlerkolonialismus, Rassismus und Apartheid, um die zentralen Begriffe zu wiederholen, die immer wieder auf den Plakaten der Demonstranten zu lesen sind.

Wie kam es dazu und wird die Einheit andauern und sich weiterentwickeln? Dies soll in den folgenden Kapiteln immer als Frage im Hintergrund stehen. Im Schlussteil wird die Frage dann erneut aufgenommen und in die nähere Zukunft projiziert.

Für Israel, zumindest für kritische israelische Journalisten, konstituierten die elf Tage Krieg gegen Gaza im Mai 2021, ohne auf die Toten und Verletzten auf israelischer Seite einzugehen, »eine Operation, die absolut sinnlos war und in totalem Scheitern endete«.[9]

Welches sind die Gründe, dass Israel von Krieg zu Krieg immer brutaler vorgeht und gleichzeitig immer weniger erreicht? Auch das soll im Buch historisch eingebettet werden, um dann im Schlussteil erneut und auf einer sehr viel tiefer greifenden Basis beantwortet zu werden.

Ausgehend von den Problemen, die im Mai 2021 ins Zentrum rückten und letztendlich zum Krieg der israelischen Armee gegen Gaza führten, sollen diese in einem historischen Rückblick herausgearbeitet und analysiert werden. Dabei stehen ethnische

9 Aluf Benn. *Haaretz*, 18. Mai 2021 »This is Israel's most failed and pointless Gaza operation ever. It must end now.«

Säuberung und Siedlerkolonialismus im Mittelpunkt, angefangen mit der Massenvertreibung von Palästinensern 1948, vor und nach der Etablierung des Staates Israel. Der Siedlerkolonialismus, der schon mit den ersten zionistischen Einwanderungswellen Ende des 19. Jahrhunderts begonnen hatte, führte in der Periode von 1948 bis 1967 dazu, dass die im Lande verbliebenen Palästinenser, knapp 160.000, bis 1966 unter Militärherrschaft gestellt wurden (nicht in den gemischten Städten wie Akka, Haifa und Jaffa), sukzessive ihr Land verloren und recht eigentlich in einem Apartheidsystem leben mussten (Kapitel I). Der Beginn der zionistischen Einwanderung, die Balfour-Deklaration Großbritanniens und die Herrschaft Großbritanniens über Palästina, beschönigend Mandatsherrschaft benannt, da es der Völkerbund war, der Großbritannien dieses Mandat erteilte, kann aus Platzgründen hier nicht analysiert werden. Auch der erste landesweite Aufstand der Palästinenser gegen die zionistische Einwanderung und die britische Herrschaft muss ausgespart bleiben.

Der Juni-Krieg 1967, den Israel, wie alle Kriege, als Verteidigungskrieg versteht[10] und so auch propagiert, führte zur israelischen Besatzung der Reste des historischen Palästina, also Ost-Jerusalem, West Bank und Gaza-Streifen. Damit wurde die Fragmentierung, die Teilung und Aufsplitterung der Palästinenser in voneinander getrennte Gruppen, die 1948 begonnen wurde, noch weiter vertieft.

Die palästinensischen politischen Akteure, die in der Periode nach 1948 entstanden, dominieren bis heute die politische Landschaft der Palästinenser, allerdings mit zusehends weniger Einfluss. Dazu gehören die Fatah, die bis Mitte der 1990er-Jahre hegemoniale politische Bewegung, angeführt und mitgegründet von Yasir Arafat, ebenso wie die linken Organisationen PFLP und DFLP, die 1967 bzw. 1969 gegründet wurden. Beide entwickelten sich aus der Bewegung der arabischen Nationalisten, der wichtigsten

10 Menahem Begin war die große Ausnahme, wenn er sowohl die Dreier-Aggression von 1956 als auch den Krieg 1967 als »Kriege freier Wahl«, als frei gewählte Kriege bezeichnete.

palästinensischen Strömung nach 1948 mit dem Zentrum im Libanon. Parallel dazu hatten sich die Muslimbrüder, in den 1920er-Jahren in Ägypten gegründet, auch in Palästina etabliert. Auch sie spielten eine gewisse Rolle, entwickelten sich aber erst in den 1990er-Jahren durch die 1987 gegründete Hamas zu einer politischen Kraft, die zum wichtigsten Konkurrenten der Fatah wurde.

Diese Akteure sollen in ihrer historischen Herausbildung und der jeweiligen politischen Rolle, die sie spielten, analysiert werden. Nur so wird es möglich sein zu verstehen, welche Positionen sie heute vertreten, wie sie in der palästinensischen Gesellschaft verankert sind und was von ihnen in der Zukunft zu erwarten ist (Kapitel II).

Der erste landesweite palästinensische Aufstand gegen die israelische Besatzung von 1967 sowie die erste Intifada (von 1987–1991) führten sowohl zur palästinensischen Akzeptanz der Zwei-Staaten-Lösung (1988) als auch zum umstrittenen Osloer Prozess (1993 bis heute). Oslo stellte die Fragmentierung der Palästinenser auf eine völlig neue Ebene: die West Bank selbst wurde nun in drei Gebiete aufgeteilt, A, B und C, während Ost-Jerusalem herausgetrennt und der Gaza-Streifen stärker blockiert wurde durch eine sich verschärfende Serie von Aus- und Einreiserestriktionen. In dieser Zeit verschob sich die Konstellation der palästinensischen politischen Akteure. Auf der einen Seite stand die von der Fatah seit 1968/69 dominierte PLO, inklusive der linken Organisationen PFLP, DFLP und der ehemaligen palästinensischen Kommunistischen Partei, später Palästinensische Volkspartei. Auf der anderen Seite standen die Hamas, der wichtigste Herausforderer für die hegemoniale Rolle der Fatah, und der wesentlich kleinere Islamische Jihad.

In diese Periode fallen der gewaltsame Tod von Yasir Arafat, wohl durch eine bis heute nicht aufgeklärte Vergiftung, und die Ermordung des Hamas-Gründers und Vorsitzenden Sheikh Ahmad Yassin durch eine israelische »gezielte Tötung« (Kapitel III).

Der Verlust der zwei historischen palästinensischen politischen Führungspersönlichkeiten, Arafat und Yassin, führte zu einer Reihe von Entwicklungen, die in den Parlamentswahlen von 2006 kulminierten.

Die Hamas erzielte einen haushohen Wahlsieg, der aber für sie sehr schnell zu einem politischen Alptraum werden sollte. Die USA und Europa akzeptierten die Wahlergebnisse nicht, genauso wenig wie Israel, und auch die Fatah war nicht bereit, ihre Wahlniederlage einzugestehen und in die Opposition zu gehen.

Das führte ein weiteres Mal zu einer neuen Stufe der Fragmentierung, diesmal sowohl geographisch zwischen Gaza und West Bank, als auch politisch zwischen Hamas in Gaza und Fatah/PLO in der West Bank. Ost-Jerusalems Abtrennung von der West Bank, dem wichtigsten Hinterland für die Stadt, wurde weiter verschärft und vertieft (Kapitel IV).

Für Gaza führten diese Entwicklungen zu einer Periode, die von Gewalt auf allen Ebenen bestimmt war: strukturelle Gewalt ebenso wie offene Gewalt in einer ganzen Serie von Kriegen, mit denen Israel den Gaza-Streifen und die Menschen dort überzog: 2006/7, 2008/9, 2012, 2014 und schließlich als dem bislang letzten Höhepunkt bzw. Tiefpunkt, dem Krieg von 2021. Die Trennung zwischen West Bank/Fatah und Gaza/Hamas soll hier mit den vier Kriegen Israels gegen Gaza analysiert und verknüpft werden. Dabei muss auch die Frage der Gewalt thematisiert werden, gekoppelt einerseits mit dem Problem »Terrorismus«, andererseits mit der Frage der Menschenrechte und der Rolle des internationalen Rechts (Kapitel V).

Abschließend sollen die Fragen, die in der Einleitung gestellt wurden, wieder aufgenommen werden. Auf der Basis der kurzen historischen Analysen, die das Buch leistet, soll schließlich ein Ausblick in die Zukunft gewagt werden. Im Schlussteil werden die aktuellen Forderungen der Palästinenser vorgestellt und analysiert. Dabei muss auch gefragt werden, welche politische Unterstützung die Palästinenser bei diesen Forderungen haben, wer ihre Verbündeten sind, sowohl innerhalb Israels als auch regional und international, vor allem aus der Gesellschaft, weniger von den Regierungen und politischen Führungen (Schlussteil).

I. Historischer Rückblick (1948–1967)

1948 – Das Jahr der nakba, der Katastrophe

Im Mai 1948 wurde der Staat Israel als jüdischer Staat in einem Großteil des historischen Palästina gegründet und sofort international anerkannt. Die israelische Armee vertrieb die dort lebenden Palästinenser. Parallel dazu verübten die Armee und diverse bewaffnete zionistische Verbände eine lange Serie von Massakern, durch die zahllose Palästinenser in die Flucht getrieben wurden. Ihre Rückkehr wurde vom neugegründeten Staat systematisch unterbunden. Ein palästinensischer Staat, wie ihn der UN-Teilungsplan vom November 1947 vorgesehen hatte, konnte nicht entstehen. Dies verhinderten sowohl Israel, die noch dominierende Großmacht Großbritannien im Einklang mit Transjordanien, die Vereinten Nationen durch den UN-Vermittler Bernadotte als auch schließlich die neue Weltmacht USA. Die *Regierung von ganz Palästina*, die in Gaza ausgerufen wurde, blieb eine Fußnote in der Geschichte bzw. wurde durch ägyptisches Eingreifen, gedeckt durch Transjordanien, dazu gemacht.

Das Jahr 1948 wurde für die Palästinenser zur *nakba,* zur Katastrophe. Fast eine dreiviertel Million Menschen wurde vertrieben und zu Flüchtlingen gemacht. In ihrem Heimatland wurde ein jüdischer Staat proklamiert, ihnen jedoch blieb ein eigener Staat verwehrt, im direkten Unterschied zur arabischen Region generell, wo überall neue Staaten entstanden, sich konsolidierten oder zur Unabhängigkeit geführt wurden.

Die zentrale Bedeutung der *nakba* für die Palästinenser war ihre Vertreibung und ihre Transformation zu Flüchtlingen. Der Prozess der Vertreibung zog sich etwa über ein Jahr hin.[11] Er begann

11 Dazu und zum Folgenden auf Deutsch: Baumgarten 1991. Palästina. Befreiung in den Staat. Edition Suhrkamp

mit der Flucht der Notabeln und der gutsituierten und gebildeten oberen Mittelklasse aus den Küstenstädten Jaffa, Haifa und Akka, aus Ramla in der Küstenebene, Tiberias im Norden sowie den westlichen Bezirken Jerusalems. Sie alle suchten Zuflucht in den benachbarten Städten wie Beirut, Damaskus, Amman, Gaza und Kairo, wo sie oft Verwandte und Freunde hatten. Dort wollten sie – wohl zwischen 5000 und 10.000 Personen – abwarten, bis sich die Lage in Palästina wieder entspannt hatte. Der militärische Druck der Haganah, der prästaatlichen jüdischen Armee,[12] führte bis März 1948 zur Flucht von etwa 75.000 Personen, vor allem aus Dörfern in der Küstenebene, also dort, wo nach dem Teilungsbeschluss der neue Staat entstehen sollte.

Die großen Haganah-Offensiven im April und Mai 1948 trieben die Bewohner von Haifa (etwa 70.000) und Jaffa (bis 80.000 Menschen) in die Flucht, zusätzlich zu vielen Einwohnern aus umliegenden Dörfern, die nicht zuletzt infolge des Massakers von Dair Yasin (einem kleinen Dorf bei Jerusalem, heute ein Stadtteil) ihre Dörfer fluchtartig verließen.

Die dritte Fluchtwelle entstand als Resultat des Zusammenbruchs des ersten Waffenstillstands im Juli 1948. Etwa 100.000 Palästinenser verloren in diesem Sommer ihre Heimat. Sie kamen einmal aus Galiläa im Norden, zum anderen aus den Nachbarstädten Ramla und Lydda in der Küstenebene, nur wenige Kilometer von Tel Aviv entfernt. Unter der Führung des späteren Premierministers Rabin und auf Befehl des damaligen Premiers Ben Gurion wurden allein aus diesen Städten 45.000 Menschen, viele zuvor schon dorthin in vermeintliche Sicherheit geflüchtet, vertrieben.

Die vierte und letzte Flucht- und Vertreibungswelle führte zum Exodus von weiteren 100.000 bis 150.000 Menschen, sowohl im Süden (aus Aschdod und Aschkelon, in arabisch Sdud und

12 Sie wurde mit der Staatsproklamation im Mai 1948, zusammen mit ihrer Elite-Einheit Palmach, in der vor allem Kibbuzim aktiv waren, zum Kern der neuen israelischen Armee mit absolutem Gewaltmonopol, auf dem vor allem Ben Gurion eisern bestand.

Majdal), von dort aus flohen die Menschen nach Gaza, als auch im Norden, wo vor allem die ländliche Bevölkerung in den Libanon vertrieben wurde.[13]

Die persönlichen Erinnerungen von späteren führenden Persönlichkeiten der palästinensischen Nationalbewegung sowie von palästinensischen Wissenschaftlern, Intellektuellen und Schriftstellern vermitteln einen Eindruck von ihren konkreten Erlebnissen 1948. Diese einschneidenden traumatischen Erfahrungen üben bis heute ihren Einfluss innerhalb der palästinensischen Gesellschaft aus. Auch ganz junge Menschen, zum Beispiel viele von denen, die seit Mai 2021 in Jerusalem demonstrieren oder die als militante Aktivisten in Gaza kämpfen, sind davon geprägt.

George Habasch: Vertreibung aus Lydda, seine Familie flüchtet nach Ramallah, er kehrt zur Weiterführung seines Studiums nach Beirut zurück

George Habasch war einer der Gründer der Bewegung der arabischen Nationalisten und später der PFLP. Auch nach den Osloer Verträgen 1993 – er lehnte das Abkommen kategorisch ab – kehrte er nicht nach Palästina zurück. 2000 trat er von der Führung der PFLP zurück. 2008 starb er im Exil in Amman.

»Was damals in Palästina passierte, war fürchterlich, unerträglich. Ganz besonders für einen jungen Mann wie mich, Anfang zwanzig, der noch nichts erlebt hatte. Für mich war es das Natürlichste der Welt, in Lydda, in Palästina zu sein. Schließlich war Lydda meine Heimatstadt, Palästina mein Heimatland. Und dann musste ich miterleben, wie die israelische Armee einmarschierte. Sie schoss auf alles, was sich bewegte, einfach so. Am nächsten Tag befahlen sie den Einwohnern Lyddas, ihre Stadt zu verlassen. Sie gaben den Befehl dazu, ich bin absolut sicher; mit Gewalt trieben sie uns hinaus, töteten Menschen noch unterwegs. Ich konnte es

13 Zahlen aus Benny Morris 1987. Vgl. Baumgarten 1991. Palästina: Befreiung in den Staat. S. 53–56.

nicht fassen. Als ich nach Beirut zurückkam (wo er Medizin studierte; HB), war ich fest entschlossen, den Kampf für eine Sache weiterzuführen, die gerecht war und völlig eindeutig.

Denn was für einen Sinn hat es, einen kranken Körper zu heilen, wenn so etwas passieren kann. Man muss die Welt verändern, etwas tun, töten wenn notwendig, selbst mit dem Risiko, nun selber unmenschlich zu werden.«[14]

Die letzten Forschungen aus Israel, in einem Buch von Adam Raz, bestätigen die Erinnerungen von George Habasch und ergänzen sie durch horrende Details:[15] Nach der Eroberung von Lydda, so liest man bei Raz, hatte man den Soldaten befohlen, den vertriebenen Arabern jede Uhr, jedes Stück Schmuck, Geld, sonstige Wertsachen, überhaupt alles abzunehmen. Und die direkte Verbindung zwischen Plünderungen und Vertreibungen wurde gerade im Hinblick auf Lydda deutlich gezogen: »Es ist kein Zufall, dass Plünderungen und Vertreibungen Hand in Hand gehen. Es gibt unausgesprochene, aber (potenziell) sehr wirksame Absichten, keinen Araber im Staat Israel zu lassen.« (Zitat eines Gewerkschaftsfunktionärs).

Schon Jahre zuvor hatte Benny Morris Ben Gurion als den Verantwortlichen für die Vertreibung der Palästinenser aus Lydda identifiziert: »Der Befehl zur Vertreibung (der Palästinenser; HB) aus Lydda, der von Yitzhak Rabin unterzeichnet war, wurde direkt nach dem Besuch Ben Gurions im Hauptquartier der ›Operation Dani‹ (Juli 1948) erlassen«.[16]

Und die Frage des Journalisten Avi Shavit, ob er tatsächlich sage, »dass Ben Gurion die persönliche Verantwortung trage für

14 Zitiert aus Baumgarten 1991. Palästina: Befreiung in den Staat. S. 61 (Quellen auf Arabisch).

15 Ofer Aderet. 3. Oktober 2020. Jewish soldiers and civilians looted Arab neighbors' property en masse in '48. The authorities turned a blind eye. *Haaretz*. Aderet basiert seinen Artikel auf dem Buch von Raz: Looting of Arab Property in the War of Independence. Carmel Publ. House. (Hebräisch)

16 Hierzu und zum Folgenden: Avi Shavit. 8. Januar 2004. Survival of the Fittest. (Interview with Benny Morris). *Haaretz*

eine bewusste und systematische Politik der Massenvertreibung«, beantwortet er mit einem klaren Ja: »Unter Ben Gurion wurde ein Konsens zum Transfer hergestellt. (…) Ben Gurion war ein Befürworter des Transfers. Er verstand, dass es keinen jüdischen Staat geben würde mit einer großen und feindseligen arabischen Minderheit.« Und er schließt mit einem brutal-zynischen Argument: »Ohne die Entwurzelung der Palästinenser hätte es keinen jüdischen Staat gegeben.«

Abu Iyad (Salah Khalaf): Er wurde aus Jaffa nach Gaza vertrieben. Nach dem Studium in Kairo ging er als Arbeitsmigrant in den Golf

Abu Iyad war Mitgründer der Fatah. Er war zeitlebens ein führender Fatah-Aktivist. 1991 wurde er im Exil in Tunis ermordet.

»Der 13. Mai 1948 wird unauslöschlich in meiner Erinnerung bleiben. An jenem Tag, weniger als 24 Stunden vor der Proklamation des Staates Israel, floh meine Familie aus Jaffa, um in Gaza Zuflucht zu suchen. Wir waren umzingelt. Die zionistischen Kampfverbände kontrollierten alle nach Süden führenden Straßen, und uns blieb als Rettung nur noch der Seeweg. Unter einem Granatenhagel der israelischen Artillerie, die in den benachbarten Siedlungen, vor allem in Tel Aviv, in Stellung gegangen war, gingen wir an Bord eines Schiffes – meine Eltern, meine vier Geschwister und ich … Wir ließen Hab und Gut zurück und nahmen nur das Notwendigste … mit. Noch heute sehe ich meinen Vater vor mir, wie er die Schlüssel unserer Wohnung in der Hand hält und beruhigend zu uns sagt, wir würden bald wieder zurück sein. Ich habe mein Geburtshaus nie wiedergesehen.«[17]

Ghassan Kanafani: Er wurde mit seiner Familie aus Akka nach Beirut im Libanon vertrieben

17 Abu Iyad. 1979. S. 19f. und S. 31.

Kanafani war einer der bedeutendsten palästinensischen Schriftsteller. Er wurde 1972 in Beirut vom israelischen Geheimdienst durch eine Autobombe ermordet, zusammen mit seiner siebzehnjährigen Nichte Lamis.

»In der Nacht des großen Angriffes begann alles klarer zu werden … und am Morgen, nachdem die angreifenden Juden sich unter Drohungen zurückgezogen hatten, stand ein großer Lastwagen vor unserer Haustür. Fieberhaft wurde von allen Seiten Bettzeug aufgeworfen. … Und bevor ich es mir noch richtig bequem gemacht hatte, fuhr das Auto los.

Nach und nach verschwand unser geliebtes Akka, während wir … in Richtung Kap Nakura fuhren. Als Kap Nakura in der Ferne auftauchte … hielt der Wagen an. Die Frauen stiegen ab und gingen zu einem Bauern, der hinter einem Korb voller Orangen an der Straße hockte. Sie nahmen einige Orangen, und wir hörten sie weinen.

Der Vater stieg vom Beifahrersitz, nahm eine Orange und betrachtete sie schweigend. Dann brach er in Tränen aus. Bei Kap Nakura kam der Wagen zum Stehen … ich sah die lange Schlange von Autos, die das Land der Orangen verließen und sich in den Libanon hineinschoben. Da begann auch ich bitterlich zu weinen … Als wir dann am Nachmittag in Saida ankamen, waren wir Flüchtlinge geworden.«[18]

Ibrahim Abu Lughod: Er wurde mit seiner Familie aus Jaffa vertrieben. Von Gaza aus schickte ihn seine Familie zum Studium in die USA

Abu Lughod war einer der führenden palästinensischen Intellektuellen. Für lange Jahre lehrte er als Professor für Politikwissenschaft in den USA. In den 1990er-Jahren und bis zu seinem Tod 2001 war er Vize-Präsident der Universität Birzeit. Er ist wohl

18 Ghassan Kanafani 1983. Das Land der traurigen Orangen. Basel: Lenos Verlag, S. 7–9.

der erste und einzige palästinensische Vertriebene, der in seiner Heimatstadt Jaffa beerdigt werden konnte.

»Meine Mutter wollte (Jaffa) nicht verlassen, sie war eine Kämpferin. Aber wir bestanden darauf: Du musst. Ihr könnt nach Nablus gehen, es ist nicht weit und wir kommen bald nach. ... Wir brachten einen Lastwagen für sie ... Wir dachten, es ginge um ein oder zwei Wochen. Es kam uns schlicht nicht in den Sinn, dass wir nie mehr zurückkehren würden.«

Seine Tochter, Lila Abu Lughod, ergänzt diese Erinnerungen ihres Vaters: »Mein Vater selbst verließ (Jaffa) im Mai auf dem, wie es gerüchteweise hieß, letzten Schiff, das Jaffa verließ. Nach seiner Beschreibung wurde von allen Seiten geschossen ... fast niemand blieb zurück in Jaffa.«[19]

Ibrahim Lada'a: Er wurde mit seiner Familie aus Jaffa nach Ramallah vertrieben

Lada'a wurde Arzt. Nach seinem Studium in Deutschland machte er eine HNO-Praxis in Ramallah auf. Später leitete er für einige Jahre als Direktor das Augusta-Victoria-Krankenhaus in Jerusalem.

»... so verließen uns also meine Großeltern mit meiner Tante und wir blieben zurück, in einer Stadt, die bald von jüdischen Terrororganisationen eingenommen werden sollte. Mein Vater musste das geahnt haben, denn er entschied, mit einem seiner Lastwagen selbst die Flucht zu wagen. Zur Belieferung seines Ladens besaß er zwei dieser alten britischen Militärlastwagen, die den Motor zwischen Fahrer- und Beifahrersitz haben. ... (Auch) unsere Nachbarn, die Familie Qahwaji, wandten sich an uns, denn auch sie wollten Jaffa verlassen und fanden keine Möglichkeit. So mussten nun insgesamt 45 Personen Platz in unserem Lastwagen finden, doch mein Vater ließ sich nicht entmutigen. Er zog in die Ladefläche einen zweiten Boden ein, unter dem wir das Gepäck

19 Lila Abu Lughod 2013. »Pushing at the Door«. in: Penny Johnson and Raja Shehadeh. Seeking Palestine. Northampton, Mass.: Olive Branch Press, S. 48–49.

verstauten, um allen einen Platz zu ermöglichen. Am Steuer saß mein Vater, neben ihm meine Mutter mit meiner älteren Schwester Aida. Ich, als einer der Kleinsten, saß auf der Motorhaube zwischen den Vordersitzen. Mein Cousin Musa, der schon 17 war, fand keinen Platz mehr auf der Ladefläche, sondern stand außen auf dem Trittbrett an der Fahrerseite …

An der Ausfahrt der Stadt nach Osten in das Landesinnere Richtung Ramallah reihten wir uns in einen Konvoi ein, mit dem die letzten Zurückgebliebenen die Stadt verließen. Dies war Ende April. Keine zwei Wochen später, am 13. Mai, wurde Jaffa von jüdischen Truppen eingenommen und war für uns Palästinenser für immer verloren. Unser Treck wurde angeführt von britischen Militärs, denn deren Mandat ging noch genau bis zu jenem 14. Mai 1948, dem Tag, an dem der jüdische Staat seine Unabhängigkeit erklären sollte …

Immer wieder mussten wir anhalten, weil die britischen Soldaten mit jüdischen Freischärlern oder Angehörigen der Haganah über die Weiterfahrt verhandeln mussten. Nach drei Tagen erst – normalerweise hätte die Reise damals mit dem Auto nur ein paar Stunden gedauert –, am 1. Mai des Jahres 1948, einem Ostersamstag, erreichten wir Ramallah, wo uns mein Onkel Ghattas erwartete. Wir verbrachten die ersten Tage in einem provisorischen Flüchtlingslager auf dem Hof vor der katholischen Kirche.«[20]

Verständnis und Interpretation der nakba

Folgt man der bis Ende der 1980er-Jahre hegemonialen israelischen Version, dann verließen die Palästinenser ihre Städte und Dörfer, weil sie von den arabischen militärischen und politischen Führern dazu aufgefordert worden seien. Diese wollten, so wird argumentiert, einen regelrechten Vernichtungskrieg gegen Israel führen, alle Juden ins Meer treiben und deren Staat zerstören, um

20 Ibrahim Lada'a. 2018. Arzt aus Jaffa. Geschichte eines palästinensischen Vertriebenen. Engelschoff: Verlag auf dem Ruffel, S. 32–34.

dann die Palästinenser zurückzuholen. Dieses Narrativ spielt bis heute eine Rolle im deutschsprachigen Diskurs, obwohl es seit langem durch die Forschungen palästinensischer[21] und israelischer Wissenschaftler als Propaganda entlarvt worden ist.

Die »neuen Historiker« Israels, Benny Morris mit seinem Klassiker »The Birth of the Palestinian Refugee Problem« (1987, Neuauflage 2004), Ilan Pappe (1988), Simha Flapan (1987), Avi Shlaim (1988)[22] und einige andere, haben die *nakba* im Detail dokumentiert und analysiert.

Bis heute werden immer weitere neue Dokumente zugänglich, obwohl gerade Israel sich bis dato weigert, relevante Dokumente zu veröffentlichen, ja im Gegenteil aktiv versucht, historisches Material, das die Rolle der israelischen politischen und militärischen Führung offenlegt, verschwinden zu lassen.[23]

Das Buch von Adam Raz über die israelischen Plünderungen im israelischen Unabhängigkeitskrieg[24] als bislang letzte einschlägige Publikation zeigt mit einer Fülle von Materialien, die bis dato nicht bekannt und teils nicht zugänglich waren, die Verantwortung von David Ben Gurion, Israels erstem Premierminister, dafür, dass die Plünderungen weder gestoppt noch die Plünderer zur Verantwortung gezogen wurden. Raz macht Ben Gurion verantwortlich sowohl für die Vertreibung der Palästinenser als auch für die Politik, deren Rückkehr mit allen Mitteln, inklusive Gewalt (man schoss auf die Menschen, die versuchten, in ihre Dörfer zurückzukehren, und die Armee legte überall an den Grenzen Landminen), zu verhindern.

In seiner Buchkritik in *Haaretz* geht Benny Morris einen Schritt weiter und weist darauf hin, dass es nicht so sehr die

21 Zuerst Walid Khalidi 1961, später vor allem Nur Masalha.

22 Simha Flapan 1987. The Birth of Israel: Myths and Realities. Ilan Pappe 1988. Britain and the Arab-Israeli Conflict, 1948–1951. Avi Shlaim 1988. Collusion over the Jordan. King Abdallah, the Zionist Movement, and the Partition of Palestine.

23 Zum Beispiel Ofer Aderet. *Haaretz*, 1. April 2021 oder Rona Sela. *Haaretz*, 10. April 2021.

24 Adam Raz. 2020. Das Plündern von arabischem Eigentum im Unabhängigkeitskrieg (Hebräisch). Dazu Buchkritik von Benny Morris in *Haaretz*, 3. Juni 2021. »Was Israeli looting in 48 part of a broader policy to expel Arabs?«

Plünderungen waren, sondern zuerst und vor allem die Übernahme palästinensischen Landes durch jüdische Dörfer (bzw. Kibbutzim und Moshavim), die Bebauung des Landes durch sie, die Zerstörung von ganzen Dörfern oder alternativ die Ansiedlung von Juden in verlassenen Dörfern, die Übernahme der verlassenen palästinensischen Häuser in Städten (vor allem Haifa und West-Jerusalem), sehr oft durch Neueinwanderer, und die Verhinderung der Rückkehr der Palästinenser durch die Armee, die, wie Morris formuliert, die Flüchtlinge von ihrem Land »abtrennten«: »Es gibt nichts mehr und keinen Ort, an den man zurückkehren kann.« In diesem »Prozess« gab es, so Morris abschließend, eine enge Kollaboration zwischen dem »Volk« und der Regierung auf der Basis sowohl persönlicher als auch politischer Interessen.

Palästinensische Analysen würden der Interpretation, dass es keinen Ort mehr gab, an den sie hätten zurückkehren können, sicher widersprechen.

Die ganzen 1950er-Jahre über sind Versuche von palästinensischen Flüchtlingen, in ihre Heimat, in ihre Dörfer und Städte zurückzukehren, ihre Ernte einzufahren, Eigentum zu holen etc. dokumentiert. Immer wieder führten eben diese Versuche zu »Strafeinsätzen« durch die israelische Armee, vor allem durch die berüchtigte Einheit 101, angeführt damals von Ariel Sharon, später israelischer Premierminister. Am eindrucksvollsten widerlegt Salman Abu Sitta[25] die Interpretation von Morris. Abu Sitta hat die Hoffnung auf Rückkehr nie aufgegeben und er weiß genau, wohin er zurückkehren wird.

Ein faszinierendes Projekt ist »Auf der Suche nach Miska« (Tracing Miska), das mit der Methode des »critical participatory action research« arbeitet. 2010 traf sich in Tel Aviv eine Gruppe von Aktivisten, fünf Palästinenser und acht Israelis. Es ging um das 1948 zerstörte Dorf Miska und die Aktivisten wollten eine Rückkehr der Vertriebenen durch »Counter-Mapping Return ermöglichen«.

25 Salman Abu Sitta. 2016. Mapping My Return. Cairo: American Univ. in Cairo Press.

Ziel war es, die Rückkehr aller Vertriebenen zu garantieren und gleichzeitig Koexistenz mit den jüdischen Nachbarn herzustellen.[26]

Verständnis, Interpretation und Konzeptualisierung von 1948

Ghassan Kanafani hat das unmittelbare palästinensische Verständnis von 1948 am besten und treffendsten ausgedrückt: »Wir waren Flüchtlinge«. Politische Untergrundzeitschriften in Beirut, assoziiert mit der Bewegung der arabischen Nationalisten (George Habasch), hatten eine eigene Seite unter dem Titel: »Mit den Flüchtlingen«. Verantwortlich für diese Seite war der Aktivist Abu Maher (Ahmad al-Yamani), selbst ein Vertriebener aus Galiläa.

Die vertriebenen Palästinenser verweigerten immer konsequent jeden Versuch der Ansiedlung an anderen Orten. Stattdessen hielten sie ihre Hoffnung auf Rückkehr lebendig. Das Symbol dafür blieb der Schlüssel zu ihren Häusern. Im Miska-Projekt kam das sehr deutlich zum Ausdruck:

»Es ist nur ein Schlüssel, das berühmte Symbol für die palästinensische Rückkehr. Miska ist meine Heimat und die Rückkehr nach Miska ist die Herausforderung meines Lebens. Meine Kinder lernen das von mir … Wir gehen nach Miska, wir riechen Miska. Niemand kann uns weismachen, es existiere nicht. Für uns ist es eine Realität.«[27]

Constantine Zurayk lieferte in *ma'na an-nakba* (Die Bedeutung der Katastrophe) die wichtigste zeitgenössische politische Auseinandersetzung mit der Katastrophe in Palästina. Die arabische Niederlage war für ihn eine Folge der Uneinigkeit der arabischen Staaten und resultierte gleichzeitig daraus, dass in der Region keine Modernisierung stattgefunden hatte. Er forderte deshalb

26 Torre, Maria Elena et alii. 2017. Critical Participatory Action Research on State Violence. In: Norman K. Denzin and Yvonna S. Lincoln (eds.). The Sage Handbook of Qualitative Research. Sage Publications. Speziell zu Miska: Tracing Miska: Widening the Geographic Imagination with participatory contact zones. 506–511.

27 Ibid S. 507

eine gesamtarabische Revolution gegen alle reaktionären Regime und daran anschließend die Vereinigung aller arabischen Länder. Erst dann, so sein Schluss, könne der vereinte arabische Staat Israel angreifen und Palästina befreien. Zentral war dabei für Zurayk der arabische Nationalismus und die Schaffung eines vereinigten arabischen Nationalstaates. Erst auf dieser Basis war für ihn an eine Befreiung Palästinas zu denken.

Theoretische Konzeptualisierungen der *nakb*a und der israelischen Politik von der *nakba* bis in die Gegenwart entstanden erst später, einige, allerdings oft übersehen und nicht wahrgenommen in der wissenschaftlichen und politischen Diskussion, schon in den frühen 1960er-Jahren.

Drei Begriffe sind es, die sowohl die aktuelle wissenschaftliche Diskussion als auch, zumindest punktuell, den politischen Diskurs um die *nakba* bestimmen: Siedlerkolonialismus, ethnische Säuberungen und Apartheidsystem.

Siedlerkolonialismus

Schon 1965 analysierte Fayez Sayigh Israel als einen kolonialen Siedlerstaat. Nur wenige Jahre später publizierte Maxime Rodinson sein vor allem in der europäischen Linken einflussreiches Werk »Israel, Fait Colonial?« (zuerst 1966 bzw. 1967, dann als englische Übersetzung: Israel: A colonial-settler state? 1969 bzw. 1973). Die palästinensische Linke Anfang der 1970er-Jahre, also PFLP und DFLP, berief sich wie die europäische Linke auch auf Rodinson.

Erst viel später entstand die »klassische« Literatur zum Siedlerkolonialismus, angeführt von Patrick Wolfe[28] und später Lorenzo Veracini.[29]

Mit der Theorie des Siedlerkolonialismus wird es möglich, die israelische Politik seit 1948 und bis heute in ihrer Essenz und mit

28 Patrick Wolfe (2006) Settler colonialism and the elimination of the native, Journal of Genocide Research, 8:4, 387–409.

29 2010. Settler Colonialism. A Theoretical Overview. London: Palgrave Macmillan.

ihrer inneren Triebkraft zu verstehen. Siedlerkolonialismus versucht mit allen Mitteln, durchaus wechselnd je nach politischen Umständen, die kolonisierte Bevölkerung zu eliminieren, ob durch Massaker oder Kriege, ob durch direkte oder indirekte Vertreibung. Hier muss eine Linie von Lydda im Juli 1948 bis Scheikh Jarrah 2021 gezogen werden.

Ethnische Säuberung

Der Begriff datiert zurück in die 1990er-Jahre, wo er im Kontext der Kriege um Jugoslawien entstand und angewandt wurde. Eine Anwendung auf die israelische »Politik« gegenüber den Palästinensern findet sich 2004 durch Benny Morris in einem Interview mit Ari Shavit in *Haaretz.*[30]

Ilan Pappe hat 2006 als erster Wissenschaftler diese Theorie in seinem Klassiker »The Ethnic Cleansing of Palestine« direkt auf Palästina/Israel angewandt.

Nur Masalha konzentrierte sich in seinen Arbeiten auf die israelische Politik der Vertreibung der Palästinenser. Zentral dabei ist bei ihm der Begriff »Transfer«. Uri Davis erläutert den Zusammenhang kurz und einfach: »The concept of ›transfer‹ – ›ethnic cleansing‹ in contemporary political parlance«. Masalhas wichtigstes Buch zum Thema ist zweifellos »The Expulsion of the Palestinians: The Concept of ›Transfer’ in Zionist Political Thought, 1882–1948« aus dem Jahre 1992, also einige Jahre vor den Publikationen seiner israelischen Kollegen.

Apartheid-Staat

Es mutet überraschend an, dass Israel zuerst durch den südafrikanischen Premierminister Hendrik Verwoerd 1961 als Apartheid-Staat

30 Avi Shavit. 8. Januar 2004. Survival of the Fittest (Interview with Benny Morris). *Haaretz.* Schon im Zusammenhang mit den Erinnerungen von George Habasch wurde oben daraus zitiert.

bezeichnet wurde: »Israel, like South Africa, is an apartheid state«. Allerdings verstand Verwoerd dies nicht als Kritik, sondern als Kompliment.

Die scharfe Kritik der palästinensischen Linken Anfang der 1970er-Jahre an Israels Bantustan-Strategie basierte auf der Analogie zwischen dem Apartheid-Staat Südafrika und Palästina. In der israelischen Diskussion, von Uri Davis bis Meron Benvenisti, wird immer wieder angeprangert, dass Israel die Palästinenser wie der Apartheidstaat die Schwarzen in Südafrika unterdrückt. Eine ganze Serie von internationalen Berichten charakterisiert Israel als Apartheidstaat, angefangen mit dem Bericht von John Dugard 2007 (»Legal consequences of a prolonged occupation with features of colonialism and apartheid«) über eine Studie aus Südafrika aus dem Jahre 2009: »Die von Israel praktizierte Politik in den besetzten palästinensischen Gebieten stimmt fast vollständig überein mit der Definition von Apartheid, wie sie in Art. 2 der Int. Konvention über die Bekämpfung und Bestrafung des Verbrechens der Apartheid eingeführt wird«, bis hin zum ESCWA Report 2017. Dieser wird von Rima Khalaf, Executive Director of ESCWA, eben dahingehend interpretiert: »Der Bericht kommt klar und eindeutig zum Ergebnis, dass Israel ein rassistischer Staat ist, der ein Apartheid-System etabliert hat, mit dem das palästinensische Volk verfolgt wird.«

Mehrere Menschenrechtsorganisationen schließlich, zwischen 2020 und 2021, charakterisieren Israel seit 1948 als Apartheid-Staat, also nicht nur in den seit 1967 besetzten Gebieten, sondern auf dem gesamten Territorium zwischen Mittelmeer und Jordan und seit der Gründung des Staates Israel 1948. Dazu gehört auch die Yesh-Din-Studie von 2020. Mehr internationale Aufmerksamkeit erhielten die Berichte von B'tselem und Human Rights Watch aus dem Januar bzw. April 2021.

Es befremdet, dass erst die Publikationen von Human Rights Watch und B'Tselem die Bezeichnung Israels als Apartheid-Staat international akzeptabel machten. Die mindestens ebenso in die Tiefe gehende und ausführliche Studie des Human Science

Research Council aus Südafrika: »Occupation, Colonialism, Apartheid? A re-assessment ot Israel's practices in the occupied Palestinian Territories under international law« aus dem Jahre 2009[31] wurde in der internationalen akademischen Diskussion und im öffentlichen Diskurs schlicht übergangen, soweit das heute ersichtlich ist. Es müssen offensichtlich immer westliche Publikationen sein, die einen paradigmatischen Wechsel, sei es akademisch oder politisch, möglich machen. Allerdings gibt es einen wesentlichen Unterschied zwischen dem südafrikanischen Bericht, an dem auch palästinensische Menschenrechtsorganisationen als volle Partner mitarbeiteten, und den Berichten von Human Rights Watch und B'Tselem: die letzteren bezeichnen als erste in ihren Berichten das gesamte Israel vom Mittelmeer bis zum Jordanfluss als Apartheid-Staat.

Im politischen Widerstand der Palästinenser 1948–1967 spielten diese konzeptionellen und theoretischen Anstrengungen, die ja in der Mehrzahl erst nach 1967 unternommen wurden, keine Rolle. Bei diesem Widerstand ging es zuerst und vor allem um eine neue Bestimmung der Identität der Palästinenser und um die Möglichkeiten direkter politischer Aktion.

Wie relevant sind diese Theorien heute? Geht es um ein besseres Verständnis der Realität, mit der die Palästinenser konfrontiert sind, heute und seit 1948? Oder geht es eher um die Mobilisierung von Solidarität, im Anschluss an die weltweite Solidarität für Südafrika und den Kampf des ANC gegen die Apartheid?

Für den Wissenschaftler jedenfalls ist mit diesen Theorien die Möglichkeit des Vergleichs stark verbessert. Gleichzeitig kann vermieden werden, dass Palästina und Israel lediglich als Ausnahmefälle und nur sui generis analysiert werden.

31 HSRC. 2009. Occupation, Colonialism, Apartheid? Democracy and Governance Program. Middle East Project: Cape Town, South Africa. Die Studie wurde inspiriert von den Fragen, die in dem Bericht von John Dugard aufgeworfen worden waren. Sie versucht, darauf klare Antworten zu geben und kommt zum Schluss, dass Israel zweifellos ein Apartheid-Staat ist.

Politisch, aber auch in der wissenschaftlichen Analyse, die den politischen Widerstand stärken möchte, wird es möglich, hinter den einzelnen Aktionen von Armee, Verwaltung und Politik das große Bild zu erkennen: nämlich einen systematischen Prozess der Vertreibung und Eliminierung, der 1948 begonnen hat und in den verschiedensten Formen bis heute anhält, wie nicht zuletzt die israelische Politik in Scheikh Jarrah und Silwan zeigt. Die Arbeiten von Nadera Shalhoub-Kevorkian sind vor allem für ein tieferes Verständnis der Folgen von Siedlerkolonialismus und ethnischer Säuberung in Jerusalem unerlässlich.[32]

Die jungen (und älteren) Aktivisten konfrontieren immer wieder Israels Versuch, sie zu vertreiben. Sie reagieren inzwischen mit absoluter Entschlossenheit: Wir wollen und wir werden uns nicht vertreiben lassen.[33] In der Verbindung von 1948 bis heute wird damit die *nakba* als ein ununterbrochener Prozess erkennbar. Schon Patrick Wolfe hat klar herausgearbeitet, dass Siedlerkolonialismus kein einmaliges Ereignis ist, sondern nur als historisch-politischer Prozess adäquat verstanden werden kann.

Neue palästinensische politische Akteure zwischen 1948 und 1967

In Israel

Für die Palästinenser, die in Israel geblieben und aus den verschiedensten Gründen nicht vertrieben wurden oder flüchten mussten – viele wurden sehr wohl vertrieben oder umgesiedelt innerhalb des Landes –, ging es zuerst und vor allem um das

32 Nadera Shalhoub-Kevorkian. 2015. Security Theology, Surveillance and the Politics of Fear. Cambridge: Cambridge University Press. Einer ihrer Artikel ist in deutscher Übersetzung in *INAMO* 22:88, Dezember 2016 einsehbar: Gestohlene Kindheit – Palästinensische Kinder und das System des Siedlerkolonialismus.

33 Judy Maltz and Nir Hasson. 8. Juni 2021. »We Will Never Leave Our Land«: The Palestinian Families Facing Eviction in Sheikh Jarrah. *Haaretz*.

schlichte Überleben unter der über sie verhängten Militärherrschaft von 1948–1966.[34]

Die einzige politische Partei, in der sich Palästinenser gleichgestellt und auf Augenhöhe engagieren konnten, war die Kommunistische Partei Israels. Relevant für die späteren Entwicklungen unter den Palästinensern in Israel blieb die Kombination aus Nationalismus und Kommunismus inklusive der Kooperation und des gemeinsamen Kampfes mit kommunistischen israelischen Juden. Zum anderen erwarben die Palästinenser dort Erfahrung mit parlamentarischer Arbeit. Beispiele sind Emil Habibi, Tawfiq Zayyad und Toufiq Toube. Die Kultur, vor allem die Dichtung mit Mahmud Darwish, Samih al-Qassem und Tawfiq Zayyad, sowie z. B. die Romane von Emil Habibi, spielten bei der Mobilisierung der Menschen, bei der Identitätsstiftung, eine zentrale Rolle. In vielerlei Hinsicht bildete sie die Basis für jede politische Arbeit. Dies ist bis heute klar nachzuverfolgen.

In der West Bank

Die West Bank wurde nach 1948 von Jordanien annektiert und stand bis 1967 unter der Herrschaft der haschemitischen Monarchie. 1951 wurde der jordanische König Abdallah im Haram asch-Scharif von einem palästinensischen Nationalisten ermordet. Seit 1952 regierte König Husain die West Bank mit Ost-Jerusalem. Seitdem mussten die Palästinenser unter einem extrem autoritären Regime leben. Ihre Unterdrückung war äußerst brutal. Sie durften zum Beispiel den Namen Palästina nicht benutzen und die Selbstidentifikation als Palästinenser war bei Strafe verboten.

Es war geradezu unausweichlich, dass die Palästinenser sich

34 Adel Manna. 2022. Nakba and Survival: A History of the Palestinians who Remained in Haifa and the Galilee, 1948–1958. California University Press and IPS, 2022. Dies ist übrigens die einzige Arbeit, die im Detail zu genau dieser Periode arbeitet – zuerst Arabisch, dann Hebräisch, erst 2022 auf Englisch. Weiter gefasst, von 1948 bis nach 2000, ist Ilan Pappe. 2013. The Forgotten Palestinians. A history of the Palestinians in Israel. Yale University Press.

dagegen auflehnten. Sie taten dies mit ihrer uneingeschränkten Unterstützung für den ägyptischen Präsidenten Jamal Abdel Nasser, der ab Mitte der 1950er-Jahre zum Anführer des arabischen Nationalismus wurde. König Husain versuchte dies aufzufangen und zu neutralisieren, indem er den Palästinenser Suleiman Nabulsi 1956 eine Regierung bilden ließ. Der Versuch scheiterte und Husain, dem es um den Erhalt seiner Herrschaft ging, entließ Nabulsi und etablierte erneut ein extrem repressives Regime.[35]

Alle politischen Parteien, die sich, in welcher Form auch immer, für die Palästinenser und für Palästina engagierten, wurden unterdrückt. Das galt sowohl für die Kommunisten als auch für die Nasseristen, insbesondere für die von Palästinensern angeführte Bewegung der arabischen Nationalisten. Diese waren aber trotzdem in der Lage, sich in den Flüchtlingslagern in der West Bank zu etablieren und dort ihre Untergrundzeitschriften zu verteilen.

Die Muslimbrüder waren im Gegensatz dazu im haschemitischen Königreich weitgehend integriert, nicht zuletzt, weil sie sich eher apolitisch verhielten. Sie erhielten als einzige Organisation eine offizielle Lizenz für ihre Aktivitäten als islamische Gemeinschaft unter dem Namen »Gemeinschaft der Muslimbrüder«. König Husain benutzte sie als Gegengewicht gegen die Nasseristen und, in geringerem Umfang, gegen die Kommunisten.

Im Gaza-Streifen

Der Gaza-Streifen stand seit 1948 unter ägyptischer Militärherrschaft, seit 1952 also unter Nassers Einfluss. Jede Art politischer Arbeit und politischen Engagements wurde dort unterdrückt, mit Ausnahme des arabischen Nationalismus nasseristischer Prägung. Dies traf sowohl die Kommunisten als auch ganz speziell die Muslimbrüder, für Nasser der wichtigste Erzfeind.

35 Baumgarten 1991, 124ff.

Die Diaspora in der Region: im Norden Israels/Palästinas

In den Flüchtlingslagern in Syrien und im Libanon, aber auch unter der palästinensischen Bourgeoisie im Libanon mit der American University of Beirut als Zentrum entstand die Bewegung der arabischen Nationalisten (*harakat al-qaumiin al-Arab*), die spätestens 1958 geschlossen hinter Nasser stand und sich als dessen Vertreter im Libanon und in Syrien betrachtete. Viele Flüchtlinge engagierten sich aber auch in der Baa'th-Partei.

In den Golfstaaten

Für die Palästinenser bildeten die Golfstaaten die beste Möglichkeit, um nach der *nakba* Geld zu verdienen und eine neue Existenz aufzubauen. Seit 1948 und verstärkt in den 1950er- und 1960er-Jahren entstand ein richtiger Strom von Arbeitsmigration Richtung Golfstaaten, von Kuwait bis nach Saudi-Arabien. In Kuwait, außerhalb des Einflussbereiches des arabischen Nationalismus und Nassers, entstand eine neue Form des palästinensischen Nationalismus, angeführt von der Fatah.

Zusammenfassung

Nach 1948 führten die Palästinenser ein Leben ohne jegliche Freiheit, egal wo sie waren. Selbst die einfachsten Alltagsaktivitäten waren eingeschränkt. Man versuchte mit allen Mitteln, ihre Identität auszulöschen und sie zu anonymen und rechtlosen Flüchtlingen zu degradieren. Je nachdem, wo sie sich befanden, wurden ihnen neue Identitäten aufgezwungen, wurden sie neu definiert als Flüchtlinge (Libanon), als Araber, als Israelis oder als Jordanier.

Das hielt sie aber nicht davon ab, kontinuierlichen Widerstand gegen das ihnen aufgezwungene Leben zu leisten. Versuche, zurückzukehren, auf welchen Wegen auch immer, standen an erster

Stelle. Dabei unternahmen sie oft auch Rache-Aktionen gegen Israel.[36]

Sie versuchten nicht zuletzt, sich politisch neu zu organisieren. Die geschah zuerst im Libanon Anfang/Mitte der 1950er-Jahre mit der Bewegung der arabischen Nationalisten, später dann mit Fatah ab 1959 im Golf. Auch die Kommunisten und – im Rahmen des Möglichen – die Muslimbrüder in Jordanien waren dabei engagiert.

Politische Bewegungen nach 1948 und vor 1967

Zwei politische Bewegungen, die Muslimbrüderschaft (seit 1945 aktiv in Palästina, zuerst in Jerusalem), aus der 1987 die Hamas entstand, sowie die Fatah, 1959 in Kuwait gegründet, müssen in dieser Periode analysiert werden, nicht zuletzt, um die Entwicklungen von 1987 bis zur Gegenwart zu verstehen.

Die Bewegung der arabischen Nationalisten, die erste palästinensische politische Organisation nach 1948, erreichte ihren Höhepunkt unter Nasser. Als Folge der Niederlage von Nassers Ägypten im Krieg 1967 verlor sie an Bedeutung und Einfluss. Auch die Nachfolgeorganisationen PFLP (Volksfront zur Befreiung Palästinas) und DFLP (Demokratische Front zur Befreiung Palästinas), 1967 bzw. 1969 gegründet, spielen bis heute nur eine kleine und weitgehend untergeordnete Rolle.

Was sind die Erfahrungen der Muslimbrüder und Fatahs in dieser Periode, die uns erlauben, ihr politische Rolle heute besser zu verstehen?

Israelische Gewalt gegen die Palästinenser und deren Reaktionen darauf

Die Spezialeinheit 101 der israelischen Armee, angeführt von Ariel

36 Baumgarten. 1991. Palästina. Befreiung in den Staat. S. 116.

Scharon, spielte dabei eine besondere Rolle. Hier kann nur ein Beispiel ausgewählt werden. Palästinensische Infiltranten, also Palästinenser, die in ihre Heimat, aus der sie vertrieben wurden, zurückkehren, töten am 12. Oktober 1953 im israelischen Dorf Yahud direkt an der jordanischen Grenze eine Frau mit ihren beiden Kindern. Wie es dazu kam und ob dies eine Racheaktion war, ist nicht bekannt. Die politische Führung Israels unter Ben Gurion beschloss zusammen mit der Armeeführung eine Vergeltungsaktion, die größte, die Israel in dieser Periode unternahm. Das Dorf Qibya wurde als Ziel ausgewählt. Mit etwa 100 Soldaten griff Sharon am 14. Oktober 1953 Qibya an. 45 Häuser wurden gesprengt, mindestens 70 Menschen, vor allem Frauen und Kinder getötet. Nach dem Bericht der UNTSO[37] hatte die israelische Armee in Qibya ein gezieltes Massaker durchgeführt: »Von Kugeln durchlöcherte Leichen an den Türen der zerstörten Häuser zeigten, dass die Bewohner gezwungen worden waren, in ihren Häusern zu bleiben, bis diese über ihren Köpfen gesprengt waren.«

Das Massaker von Qibya erregte weltweit Entsetzen. Winston Churchill z. B. sandte eine empörte persönliche Botschaft an Ben Gurion. Die Reaktion der palästinensischen Bevölkerung entlud sich in großen Demonstrationen in Amman am 16. Oktober 1953, auf denen Rache gefordert wurde. Allerdings macht Qibya eines sehr deutlich. Die Palästinenser forderten Vergeltung, schrieben darüber in ihren Untergrundzeitungen, wie der Zeitung *al-tha'r (Rache)* der Bewegung der arabischen Nationalisten. Praktiziert aber wurde Vergeltung unerbittlich und in großem Maße von Israel mit der »Einheit 101« unter Ariel Scharon.

Die entsetzlichsten Massaker fanden 1956 im Gaza-Streifen statt, als die israelische Armee im Rahmen der Dreieraggression von Großbritannien, Frankreich und Israel gegen Nasser in den Gaza-Streifen einmarschiert war und dort eine kurze Schreckensherrschaft etabliert hatte.

37 UNTSO steht für United Nations Truce Supervision Organization.

Joe Sacco hat in seinem Buch »Footnotes in Gaza« die Opfer der Vergessenheit entrissen. In Khan Yunis wurde im November 1956 das »offensichtlich schlimmste Massaker auf palästinensischem Boden« verübt. 275 Menschen wurden dabei ermordet.

Der spätere Hamas-Aktivist Abdel Aziz Rantisi war damals 9 Jahre alt. Sein Onkel wurde an diesem Tag getötet. »Ich erinnere mich noch heute … an die Tränen meines Vaters um seinen Bruder. Monatelang danach konnte ich nicht richtig schlafen … all dies hinterließ eine Wunde in meinem Herzen, die nie heilen wird. … Diese Dinge kann man nie vergessen, … sie haben den Hass in unsere Herzen eingepflanzt.«[38]

Laut Sacco besteht die Relevanz von Massakern wie dem von Khan Younis 1956 darin, dass »die Samen von Trauer und Wut, die bis heute die aktuellen Ereignisse bestimmen, den Menschen eingepflanzt werden«. Massaker wie das von Khan Yunis, Gewalt durch die israelische Armee und später, ab 1967, der Besatzungsarmee, werden von den Menschen als eine Kontinuität von gewaltsamen Ereignissen verstanden. Und Sacco folgert daraus, dass die Palästinenser »nie den Luxus haben, eine Tragödie zu verdauen, bevor schon die nächste auf sie zukommt«. Wichtig für das Argument in diesem Buch ist sein Schluss: »Vergangenheit und Gegenwart können nicht so einfach entwirrt werden. Sie sind vielmehr Teil eines gnadenlosen Kontinuums, einer verschwommenen Geschichte.« Und die Ereignisse in Gaza sieht er »nicht nur als eine Katastrophe für die Menschen, die durch sie leben mussten«, sondern auch als instruktiv für jeden, der verstehen will, warum und wie Hass in die Herzen der Palästinenser eingepflanzt wurde, wie Rantisi formulierte. Rantisi fiel 2004 (er war einer der führenden Hamas-Aktivisten geworden) einem Attentat der israelischen Armee zum Opfer, als Raketen der Marke Hellfire aus einem Apache-Hubschrauber auf sein Auto abgefeuert wurden.

38 Joe Sacco. 2009. Footnotes in Gaza, S. IX.

> Nelson Mandela: »It is always the oppressor, not the oppressed, who dictates the form of struggle.« (Es ist immer der Unterdrücker, nicht der Unterdrückte, der die Form des Kampfes diktiert)

Alle palästinensischen politischen Bewegungen zwischen 1948 und 1967 hielten angesichts der vom Staat Israel und seiner Armee gegen sie ausgeübten Gewalt nur eine Strategie der Gegengewalt denkbar. Dies zieht sich durch alle Zeugnisse ihrer Führer, Theoretiker und Ideologen von Habasch über Zuraik bis hin zu den arabischen Nationalisten Nassers und der 1959 neugegründeten Fatah.

Während jedoch Nasser und die arabischen Nationalisten die arabische Einheit als einzig möglichen Weg zur Befreiung postulierten, entwickelte die neu gegründete Fatah eine fast diametral entgegengesetzte Strategie. Ihr ging es um die Gründung eines eigenen palästinensischen Staates. Dieser Staat sollte durch den bewaffneten Kampf der Palästinenser selbst entstehen. Es sollten also die Palästinenser, unterstützt von den arabischen Staaten, sein, die an der Spitze des Befreiungskampfes standen, nicht Nasser oder andere arabische Staatsführer.[39]

Die Muslimbrüderschaft in der West Bank und im Gaza-Streifen, 1948–1967

In der West Bank

Nach 1948 waren die Muslimbrüder ausschließlich als Bruderschaft in Jordanien aktiv. Statt nationalistischer Politik und Teilnahme an den Kämpfen um Palästina, wie noch 1946–1948, widmeten sich die Brüder in der Periode bis 1967 fast ausschließlich der religiösen Erziehung und der Mobilisierung neuer Mitglieder. Für

39 Detailliert dazu: Baumgarten. 1991. Palästina. Befreiung in den Staat.

den jordanischen König Husain bildeten sie eben deshalb einen willkommenen Verbündeten gegen den rasant sich verbreitenden arabischen Nationalismus, angeführt von Ägyptens Präsident Nasser. Husain stellte den Muslimbrüdern eine offizielle Lizenz aus, die ihnen viel Freiheit für ihre Arbeit im Königreich gab. Die Muslimbrüder wiederum sahen ihre Interessen als identisch mit den Interessen der Monarchie: »Wir standen hinter dem König … und unterstützten ihn, nicht zuletzt im Interesse unserer Selbstverteidigung. Denn wenn es Nasser gelungen wäre, Jordanien zu übernehmen …, hätte er die Muslimbrüder in Jordanien ebenso liquidiert, wie er das gerade (1954; HB) in Ägypten gemacht hatte.«[40]

Immer wieder konzentrierten sich die Brüder jedoch auch auf Palästina und den palästinensischen Nationalismus. Dabei stand das Vaterland (*watan*) überall an erster Stelle für die verschiedenen Organisationen der Muslimbrüder, also Jordanien bzw. Palästina oder Syrien oder Ägypten. An den Parlamentswahlen in Jordanien nahmen die Muslimbrüder regelmäßig teil, ohne großen Erfolg. Im Parlament waren nie mehr als vier Abgeordnete von ihnen vertreten.

Die Muslimbrüder können in dieser Periode deshalb am treffendsten als loyale Opposition verstanden werden. In Zeiten der Krise standen sie fest hinter dem Königshaus.

Diese Erfahrungen in Jordanien von 1948 bis 1967 führten nicht zuletzt dazu, dass die Muslimbrüder in Jordanien, in direktem Gegensatz zu den Muslimbrüdern in Ägypten, einen gemäßigten politischen Kurs verfolgten und nie den Einsatz von Gewalt in der Politik unterstützten.[41]

Die Muslimbrüder im Gaza-Streifen

Die enge Verbindung der Muslimbrüder (MB) im Gaza-Streifen[42] zu den Brüdern in Ägypten und die Militärherrschaft Ägyptens

40 Baumgarten. 2013. Kampf um Palästina – Was wollen Hamas und Fatah? S. 58–59.

41 Baumgarten. 2013. Kampf um Palästina, S. 60.

42 Im Folgenden werden Gaza-Streifen oder Gaza alternativ gebraucht.

über Gaza setzten sie direkt der nasseristischen Repression aus. Nach dem Verbot der MB in Ägypten, die sie endgültig in den Untergrund zwang, konnten sie noch für wenige Jahre ihren Einfluss aufrechterhalten. Sie engagierten sich vor allem für die Rückkehr der Flüchtlinge nach Palästina. Während der kurzen Besatzung des Gaza-Streifens durch Israel 1956/57 waren sie in Aktionen gegen die israelische Armee involviert. Auch danach waren sie noch sehr aktiv in den Großdemonstrationen gegen Versuche, die palästinensischen Flüchtlinge auf der Sinai-Halbinsel anzusiedeln.

Danach hatten die MB in Gaza keine Alternative, als sich, ähnlich wie die MB in der West Bank, auf ihre Erziehungsaufgaben zurückzuziehen. Damit verloren sie in Gaza jegliche politische Attraktivität und jeden Einfluss, den sie Mitte der 1950er-Jahre noch besessen hatten. Von den jungen Nationalisten und Linken wurden sie als reaktionär und altmodisch abgelehnt.[43]

Die Fatah zwischen 1948 und 1967

Fatah wurde, im Gegensatz zu den Muslimbrüdern Palästinas und der Bewegung der arabischen Nationalisten, sehr viel später, erst Ende der 1950er-Jahre, gegründet. Die Gründung fand außerdem weder in Palästina noch in den unmittelbaren Nachbarstaaten zu Palästina bzw. Israel statt. Vielmehr war es eine Gruppe von jungen palästinensischen Arbeitsmigranten, die, angeführt von dem jungen Ingenieur Yasir Arafat, in Kuwait eine neue politische Bewegung gründete. Diese forderte einen dezidiert palästinensischen Nationalismus, in klarer Abgrenzung von und in direktem Gegensatz zum hegemonialen arabischen Nationalismus. Sie setzten auf ein »Palästina zuerst«, nicht auf die arabische Einheit als Vorbedingung für die Befreiung Palästinas. Wichtigste Aufgabe nach ihrer Gründung war die Mobilisierung der Palästinenser in der Diaspora für eben dieses Programm und diese Ideologie.

43 Baumgarten. 2013. Der Kampf um Palästina, S. 61–63.

Sie stellten die besondere palästinensische Identität in den Mittelpunkt und forderten in letzter Konsequenz die Errichtung eines palästinensischen Staates. Erreichen wollten sie dies mit der Strategie des bewaffneten Kampfes bzw. einem nationalen Befreiungskampf in Anlehnung an Algerien, wobei auch Kuba, China und Vietnam zu Vorbildern wurden. Ihre ersten Guerilla-Angriffe führten sie im Januar 1965 durch. Einen Durchbruch erreichten sie damit jedoch nicht. Erst nach 1967 sollte sich dies ändern.

Schluss

Dieser kurze Blick auf 1948 und seine Folgen, vor allem auf die Gewalt von Seiten Israels, der die Palästinenser, egal wo sie sich befanden, seit 1948 ausgesetzt waren, ihre Erfahrungen in Israel unter einer Militärbesatzung, im Gaza-Streifen entweder unterdrückt oder kooptiert von Nasser, in der West Bank unter der Herrschaft des haschemitischen Königreiches, all dies fordert neue Analysen auf der Basis eines großen historischen Blicks. Vor allem drängt es sich auf, an dieser Stelle eine Brücke zum heutigen Gaza zu schlagen. Aber zuerst zu Gaza nach 1967 und zum von dort ausgehenden gewaltsamen Widerstand ebenso wie zum Widerstand der Palästinenser in Jerusalem gegen den israelischen Siedlerkolonialismus und schließlich zum Widerstand der Palästinenser überall in der West Bank gegen die Politik der ethnischen Säuberungen.

Im nächsten Kapitel sollen die Entwicklungen von 1967 bis 1987, also die ersten 20 Jahre der israelischen Besatzung über Ost-Jerusalem, West Bank und Gaza-Streifen verfolgt werden.

II. Besatzung zwischen Juni-Krieg und Erster Intifada (1967–1987)

Seit dem Juni-Krieg 1967 kontrollierte Israel das gesamte historische Palästina, vom Mittelmeer bis zum Jordantal plus die syrischen Golan-Höhen im Norden und den ägyptischen Sinai im Süden. Damit wurde es möglich, Häuser und Besitz der Palästinenser zu beschlagnahmen, sie zu vertreiben, ihr Land zu enteignen und Siedlungen zu bauen – wo immer man dies beschloss – kurz, die Politik gegen die »Araber« von 1948 bis 1967 in Israel nun in der West Bank und im Gaza-Streifen zu wiederholen. Die Erfahrungen der Militärregierung über die Palästinenser in Israel von 1948 bis 1966 wurden direkt auf die neu etablierte Militärregierung in der West Bank und im Gaza-Streifen übertragen.[44]

All dies war nur möglich durch die Anwendung von massiver Gewalt. Die Armee dominierte den Alltag der Palästinenser seit dem ersten Tag der Besatzung. Israel kontrolliert seither jeden einzelnen Aspekt des Lebens eines jeden Palästinensers: ob man von einem Ort in den anderen darf, ob man ein bestimmtes Buch in der Schule oder der Universität lesen kann, ob die Schule oder die Uni überhaupt erreichbar und ob sie offen oder geschlossen ist, wer einen Personalausweis erhält und wer nicht, ob man ins Ausland reisen darf oder danach zurückkommen kann, wer wen heiraten darf, ob man zum Beten in die Moschee oder die Kirche gehen kann … die Liste könnte seitenlang fortgesetzt werden. Die Analyse der 1980er-Jahre, vor dem Ausbruch der Intifada, wird ausführlicher darauf eingehen.

Die Palästinenser reagierten seit dem Beginn der Besatzung mit

44 Adam Raz 2021. Israel claimed its 1967 land conquests weren't planned. Declassified documents reveal otherwise. *Haaretz*: 3. Juni 2021. Meir Schamgar schrieb das Militärrecht für die eroberten Gebiete 1965–68.

Widerstand auf allen Ebenen. Der Widerstand im Gaza-Streifen nahm die Form eines regelrechten Guerilla-Krieges an. Einer der legendären Anführer war Mohammad al-Aswad, der »Guevara von Gaza«, ein militanter Aktivist der PFLP. Al-Aswad wurde nach zwei Jahren des Widerstandes (1970–1972) von der Armee in einem bewaffneten Zusammenstoß erschossen, allerdings erst im März 1973, nachdem die Armee ihn in seinem Versteck entdeckt hatte. Schon im Juli 1971 hatte Ariel Scharon, damals Befehlshaber der Armee im Süden des Landes, die Zerstörung von Tausenden von »Häusern« in den Flüchtlingslagern angeordnet, um der Armee über die dadurch verbreiterten Straßen bessere Kontrolle über die Lager zu ermöglichen und damit den Guerilla-Krieg zu beenden. Tausende von Angehörigen von als Fedayin Verdächtigten wurden auf die Sinai-Halbinsel deportiert. Inzwischen sind Dokumente der israelischen Armee – da die Archive zumindest teilweise nach 50 Jahren geöffnet werden – zugänglich geworden, die zeigen, welche Verbrechen die Armee in Gaza 1971 begangen hat. »Israel baute, unter extremen Sicherheitsvorkehrungen, zwei Gefangenenlager (oder besser Internierungslager?) auf der Sinai-Halbinsel. Dorthin wurden Hunderte unschuldige und unbescholtene Palästinenser gebracht. Eines der Lager war für Familien von Fatah-Mitgliedern, die man des Terrorismus verdächtigte. Das andere war für arbeitslose junge Männer. Kinder, Frauen und Männer wurden von der Armee aus dem Gaza-Streifen in improvisierte Gebäude mitten in der Wüste transportiert. Sie mussten dort längere Zeit verbringen, manchmal monatelang, unter Bedingungen, die das Rote Kreuz ›unerträglich‹ nannte. Ein knappes Jahr später wurden beide Lager geschlossen und alle Festgenommenen nach Gaza zurückgebracht.«[45]

45 Ofer Aderet. 29. Juli 2021. Israel secretly detained innocent Palestinians in remote desert camps in Sinai. Haaretz. Mehr Informationen im Akevot Institute for Israeli-Palestinian Conflict Research. Dort wurden Dokumente und Bilder aus den Archiven der israelischen Armee, des israelischen Staatsarchivs und der Archive des Roten Kreuzes ausgewertet.

Parallel dazu wurde ein massives Programm der »Umsiedlung« von Flüchtlingen, vor allem aus Rafah, in Angriff genommen. Dabei verloren wiederum Tausende von Flüchtlingen ihre Wohnungen und wurden mit Gewalt nach el-Arisch vertrieben.[46] Seit den jugoslawischen Bürgerkriegen in den 1990er-Jahren nennt man dieses brutale Vorgehen eine Politik ethnischer Säuberungen.

Die Schlacht von Karama

Widerstand von außen wurde von allen damals aktiven palästinensischen Organisationen praktiziert, vor allem aus Jordanien, also über den Jordan, mit ständig neuen Versuchen, Israel mit zahllosen punktuellen Operationen anzugreifen. Den Höhepunkt dieses frühen Widerstandes bildete am 21. März 1968 die Schlacht von Karama, in einem Dorf bzw. einem Flüchtlingslager im Jordantal. Die israelische Armee wollte die bewaffneten Übergriffe der Palästinenser ein für alle Mal beenden und beschloss daher einen Großangriff gegen Karama, wo die meisten Organisationen stationiert waren.

Die jordanische Armee warnte die Palästinenser vor dem bevorstehenden Angriff. Sie selbst brachte sich in Stellung, um mit schwerer Artillerie den israelischen Vormarsch zu stoppen. Arafat, der wichtigste Führer der Fatah, entschied sich gegen einen Rückzug, wie ihn das Einmaleins des Guerilla-Kampfes gefordert hätte. Stattdessen gab er die Parole aus, den Kampf anzunehmen. Die jungen palästinensischen Guerilleros stellten sich, zum Teil mit einfachen Panzerfäusten, den anrollenden Panzern in den Weg und konnten einige davon außer Gefecht setzen. Allein dieser völlig unerwartete Widerstand war die große Überraschung für die israelische Armee.

Entscheidend für den Verlauf der Schlacht sollte aber das Eingreifen der jordanischen Artillerie werden. Sie zwang die israelische

46 Norma Hazboun. 1994. The Resettlement of the Palestinian Refugees of the Gaza Strip. PhD Leeds University, S. 107–109, 118–120.

Armee letztendlich zum Rückzug. 28 Tote, 70 Verletzte, zerstörte und in Karama zurückgelassene Panzer: Karama setzte dem Mythos einer unschlagbaren israelischen Armee in der gesamten arabischen Welt ein Ende. Niemanden interessierte es, dass die Palästinenser wesentlich höhere Verluste erlitten hatten als die israelischen Angreifer: mehr als 100 Tote, fast ein Drittel der in Karama stationierten Guerilleros, die seitdem allgemein Fedayin, Opferbereite, genannt wurden.

Karama wurde zum politischen Durchbruch für die Fatah. Innerhalb eines Tages wurde sie zum wichtigsten Akteur auf der Bühne der palästinensischen und arabischen Politik. Die palästinensischen Fedayin wurden zu den neuen Helden der arabischen Welt und traten an die Stelle des 1967 besiegten ägyptischen Präsidenten Jamal Abel Nasser.

Fatah-Führer Abu Iyad erinnert sich: »Die Schlacht von Karama wurde in der gesamten arabischen Welt als glänzender Sieg gefeiert und um unsere Heldentaten wurden Legenden gewoben … Die palästinensischen Massen tobten vor Begeisterung. Seit Jahrzehnten hatte man sie verhöhnt und gedemütigt. Der Sieg von Karama (Karama bedeutet auf Deutsch Ehre/Würde; HB) war für sie der erste Schritt zur Befreiung, erfüllte sie mit Stolz. Zu Tausenden … wollten Junge wie Alte der Fatah beitreten.«[47]

Sein Mitstreiter Abu Jihad beschreibt eine Szene am Tag nach der Schlacht in der Stadt as-Salt, in den Bergen oberhalb von Karama: »Vor uns wuchsen die Schlangen der Freiwilligen, die sich der Revolution (so nannte sich die Fatah seit Karama; HB) anschließen wollten.«[48]

Karama machte die Fatah mit Yasir Arafat zur dominierenden Bewegung innerhalb der palästinensischen Nationalbewegung, seitdem oft schlicht »palästinensischer Widerstand« oder »Revolution« genannt, und übernahm auf dieser Basis die Kontrolle über

47 Abu Iyad 1979, S. 90–92

48 *Shu'un Filastiniya* 77, 1979, S. 69. Siehe Baumgarten 2013. Kampf um Palästina, S. 27–28.

die PLO.[49] Im Februar 1969 wurde Arafat zum Vorsitzenden des Exekutivkomitees der PLO gewählt und führte damit die neue palästinensische Nationalbewegung an. In knapp fünf Jahren war es der Fatah, jener obskuren kleinen Bewegung aus Kuwait, deren Vertreter 1964 bei der von Nasser dominierten Gründungsversammlung der PLO in Jerusalem von niemandem beachtet worden waren, gelungen, die Führung der PLO zu übernehmen und eine neue Ära in der Politik des palästinensischen Nationalismus zu beginnen.

Die palästinensische Nationalcharta von 1964 wurde 1968 durch Einfügung eines entscheidenden neuen Absatzes in Artikel 9 geändert: »Der bewaffnete Kampf ist der einzige Weg zur Befreiung Palästinas.« Als politisches Ziel wurde »die vollständige Befreiung Palästinas« formuliert.[50]

Der demokratische Staat Palästina 1968–1971

Für kurze Zeit, zwischen 1968/69 und 1970/71, vertrat die Fatah eine bemerkenswerte politische Lösung. Statt dem ausweglosen Entweder-oder zwischen Israel und Palästina hatten junge Fatah-Aktivisten Anfang 1968, also noch vor Karama, eine Vision entwickelt, die Palästinensern und Juden in Palästina gleichermaßen eine Zukunft in einem gemeinsamen Staat ermöglichen sollte. Dieser Staat sollte ein demokratischer Staat für alle drei im Lande vertretenen Religionsgruppen sein, also für Muslime, Christen und Juden. »Heute hat das arabische Volk von Palästina beschlossen, sein Schicksal in seine eigene Hand zu nehmen … Morgen, nach einem langen … Kampf … werden sie ihr geliebtes Vaterland wieder zum Leben erwecken … An diesem Tag wird

49 Gegründet 1964 in Jerusalem unter der Ägide Nassers. Der erste PLO-Vorsitzende war Ahmad Shuqairi.

50 The Palestinian National Charter: Resolutions of the Palestine National Council, 17. July 1968. In: Mahdi Abdul Hadi 1997. Documents on Palestine. Jerusalem: PASSIA, S. 213–215.

die Flagge Palästinas über einem befreiten, demokratischen und friedlichen Land wehen, (mit dem Beginn) einer neuen Ära, in der palästinensische Juden wieder Seite an Seite leben werden mit den ursprünglichen Besitzern dieses Landes, den arabischen Palästinensern.«[51]

In der englischsprachigen Zeitung der Bewegung *Fateh* wurde die Schaffung eines demokratischen Staates in Palästina als offizielles Ziel dargestellt: »Die palästinensische Revolution hat die Gründung eines säkularen, demokratischen Palästina offiziell als Endziel ihres Befreiungskampfes bestimmt. In diesem Palästina sollen Christen, Juden und Muslime ohne Diskriminierung leben, arbeiten und ihre Religion ausüben können … Damit eröffnen sich vor den Juden Palästinas drastisch neue Alternativen … ›Unsicherheit in einem rassistisch-exklusiven Israel‹ oder ›ein offenes, sicheres und tolerantes Palästina für alle‹.«

Die 3. Fatah-Konferenz 1971 schließlich votierte für einen »demokratischen, progressiven, säkularen Staat, in dem Juden, Christen und Muslime miteinander in Frieden und mit gleichen Rechten leben.«[52]

Der Schwarze September und die Niederlage des Widerstands in Jordanien

Schon zwei Jahre nach dem historischen Erfolg von Karama begann die Serie von militärischen Niederlagen von Fatah/PLO. Grund dafür war die Präsenz des palästinensischen Widerstandes in den arabischen Staaten rund um Israel, also in Jordanien, Syrien und im Libanon. Denn damit wurde die Souveränität dieser Staaten in Frage gestellt und das staatliche Gewaltmonopol außer Kraft gesetzt.

In Jordanien wollte die im Vergleich zur Fatah sehr kleine palästinensische Linke die haschemitische Monarchie stürzen und

51 Press Release no. 1, Al-Fatah. The Palestine Liberation Movement, January 1968, S. 14.
52 Alle Zitate dokumentiert in Baumgarten 1991, S. 238–239.

das Land in ein palästinensisches Hanoi verwandeln als Basis für den Befreiungskampf. Die direkte Provokation ging im September 1970 von der PFLP (Volksfront zur Befreiung Palästinas) unter George Habasch aus. PFLP-Aktivisten entführten in einer großangelegten Operation mehrere Flugzeuge internationaler Fluggesellschaften und zwangen sie zur Landung in Zarqa bei Amman auf einem ehemaligen Flughafen der Royal Airforce. Nachdem alle Passagiere sowie die Besatzung in Sicherheit gebracht worden waren, wurden die Flugzeuge gesprengt. War dies eine Antwort auf Israels Bombardierung des Flughafens von Beirut 1968 und die Zerstörung aller Flugzeuge dort?

König Husain reagierte sehr schnell mit einem Frontalangriff auf den gesamten palästinensischen Widerstand in Jordanien. Die Opfer waren vor allem die Bewohner der großen Flüchtlingslager in und um Amman. Die jordanische Armee mit mindestens 65.000 Soldaten schlug die Fedayin, nicht mehr als 15.000 bis 20.000 Bewaffnete, vernichtend. Sie wurden zunächst in den Norden Jordaniens vertrieben. Im Juni 1971 wurden sie bei Ajlun endgültig besiegt und zum Abzug aus Jordanien gezwungen.

In der historischen Erinnerung der Palästinenser leben diese Kämpfe weiter als »Schwarzer September«. Oft wird übersehen, dass die israelische Armee den bewaffneten Widerstand in Gaza fast zur selben Zeit niederschlug. Damit hatten die Palästinenser innerhalb von zwei Jahren zwei historisch zu nennende militärische Niederlagen erlitten.

Als Reaktion auf die Katastrophe des Schwarzen September in Jordanien versuchte die Fatah, im Libanon konsequent an einer Politik der Nichteinmischung festzuhalten. Aber die politischen Fronten, die 1975 zum Ausbruch eines Bürgerkriegs führten, verhinderten dies. Im Konflikt zwischen der christlichen Rechten und den muslimischen Linken, pauschal-vereinfachend formuliert, hatte die Fatah keine Wahl. Damit war der Widerstand innerhalb weniger Jahre zum zweiten Mal in einen blutigen und verlustreichen Konflikt verwickelt worden.

Im Unterschied zu Jordanien spielten im Libanon immer wieder israelische Angriffe gegen die Palästinenser und gegen den Libanon generell – Israel machte grundsätzlich den Libanon für alle Guerilla-Attacken verantwortlich – eine entscheidende Rolle. So wurde der palästinensische Widerstand in einen Konflikt gegen mehrere weit überlegene Gegner verwickelt: die christliche Rechte im Norden und Osten, ab 1976 von der syrischen Armee unterstützt, sowie die israelische Armee im Süden.

Der erste israelische Großangriff gegen den palästinensischen Widerstand begann 1978. Schon vorher gab es immer wieder israelische Angriffe. Genau zehn Jahre zuvor hatte die israelische Luftwaffe den internationalen Flughafen von Beirut bombardiert und dort sämtliche Flugzeuge zerstört, angeblich als Vergeltung für palästinensische Angriffe aus dem Libanon.

1973 folgte eine groß angelegte Undercover-Operation. Ein israelisches Armeekommando landete in Beirut und ermordete mehrere Fatah-Führer kaltblütig in deren Wohnungen. Danach bombardierte die Luftwaffe mehrere Flüchtlingslager in Beirut.

Der Angriff von 1978 wurde jedoch nicht nur per Luft, sondern mit Bodentruppen durchgeführt. Die israelische Armee hielt danach den Südlibanon für mehrere Monate besetzt.

1982 schließlich begann ein regelrechter Krieg Israels gegen die Palästinenser, angeführt vom damaligen Verteidigungsminister Ariel Scharon. Die israelische Armee rückte bis Beirut vor und zwang den palästinensischen Widerstand zum Abzug aus der Stadt.

Am 30. August 1982 verließen etwa 8500 palästinensische Aktivisten und Militante, angeführt von Yasir Arafat, auf griechischen Schiffen Beirut. Weitere 2500 zogen auf dem Landweg ab. Ihr Ziel, ihr neues Exil, wurde Tunesien. Tunis blieb die Zentrale der PLO und der Fatah bis 1994. Nicht alle PLO-Aktivisten konnten Arafat und der PLO-Führung nach Tunesien folgen. Viele fanden Zuflucht im Jemen, in Algerien, in Syrien, im Irak und selbst in Jordanien.

In einem mehr als blutigen Nachspiel wurden Hunderte von

palästinensischen Männern, Frauen und Kindern, ausnahmslos unbewaffnete Zivilisten – die Bewaffneten hatten ja zuvor alle Beirut verlassen müssen – in den Flüchtlingslagern Sabra und Schatila von einer rechten libanesischen Miliz, unter dem Schutz und unter den Augen der israelischen Armee, regelrecht abgeschlachtet. Die Zahl der Ermordeten in diesem Massaker bewegt sich zwischen 800, so die israelischen Angaben, und 2000, nach den Schätzungen einer internationalen Untersuchungskommission. Nach dem Abzug der PLO schlossen Israel und der Libanon ein Abkommen, um den Krieg formal zu beenden. Die israelische Armee hielt jedoch den Südlibanon weiter als sogenannte Sicherheitszone besetzt. Erst im Mai 2000 zog die Regierung Barak die israelischen Besatzungstruppen aus dem Südlibanon ab. Dies wird ausführlicher in Kapitel III analysiert.

Der Krieg im Libanon hinterließ eine traurige Bilanz: mindestens 18.000 Getötete. Allein in Beirut sollen etwa 5500 Menschen getötet worden sein, wohl über 80 % davon Zivilisten. Die PLO berichtet von 500 Opfern unter ihren Kämpfern. Auch die Verluste der israelischen Armee waren mit etwa 350 Toten hoch.

Der bewaffnete Kampf 1968 bis 1982: eine erste Bilanz

Arafats Entscheidung von 1968, sich dem Angriff der israelischen Armee entgegenzustellen, war eine zutiefst politische. Arafat handelte dabei als Politiker, nicht als Militär. Mit dem Beschluss zur Konfrontation errang er einen einzigartigen politischen Erfolg und verhinderte ein vorzeitiges Ende des palästinensischen Widerstandes. Oft wird übersehen, dass für Arafat der bewaffnete Kampf grundsätzlich und bis zu seinem Tod eine mobilisierende Funktion hatte. Damit wurde jedoch verhindert, dass innerhalb der Fatah und innerhalb des gesamten palästinensischen Widerstandes die Strategie des bewaffneten Kampfes, sowohl ihre mobilisierend-politische als auch ihre militärische Funktion, jemals kritisch diskutiert wurde.

In den Jahren des palästinensischen Widerstandes im Libanon gab es tief greifende strategische Veränderungen. Die militärische Unterstützung der Sowjetunion führte spätestens Anfang der 1970er-Jahre zur Aufgabe der Guerillataktik. Stattdessen baute die PLO eine Art »stehender Armee« auf. Trotzdem führten alle Organisationen der PLO immer wieder einzelne Guerilla-Attacken über die libanesisch-israelische Grenze durch. Diese »Operationen«, wie sie von den Palästinensern genannt wurden – Israel sprach von Terrorattacken –, führten fast unweigerlich zum Tod der Angreifer. In einigen Fällen wurden israelische Zivilisten getötet. Diskussionen über die Legitimität dieser Angriffe und ihren Stellenwert im Rahmen einer Befreiungsstrategie wurden weder innerhalb der Fatah noch von den linken palästinensischen Organisationen geführt. Aktionismus schien das übergeordnete Grundprinzip gewesen zu sein.

Nach der Vertreibung der PLO aus dem Libanon 1982 war der 1967/68 begonnene Guerillakampf gegen Israel erst einmal beendet. Israel hatte gewonnen. Die Fatah-Führung und der gesamte palästinensische Widerstand mussten eine neue Strategie entwickeln, um an ihrem Ziel, der Befreiung Palästinas, festhalten zu können. Dabei setzte Arafat mit der von ihm kontrollierten PLO/Fatah auf Politik und Diplomatie, in erster Linie auf der internationalen Bühne.

PLO/Fatah als Führung des Widerstandes in den besetzten Gebieten

Entwicklungen von 1972 bis 1987

Für die Palästinenser in den 1967 besetzten Gebieten wurde die PLO, vor allem in den Libanon-Jahren von 1972–1982, zur zentralen politischen Führung. Aktivisten konnten relativ problemlos über die Brücke nach Jordanien und dann von dort nach Beirut reisen. Innerhalb der Fatah war es Abu Jihad (Khalil al-Wazir), in dessen Büro alle Fäden zusammenliefen. Auch die palästinensische Linke, also PFLP und DFLP, hielt auf demselben Weg den Kontakt mit ihren Mitgliedern aufrecht.

Yasir Arafat hatte schon unmittelbar nach Beginn der israelischen Besatzung versucht, in den besetzten Gebieten eine revolutionäre Basis nach dem Beispiel Chinas oder Vietnams aufzubauen. Er war damit innerhalb weniger Wochen gescheitert. Es gelang ihm aber, seiner bevorstehenden Verhaftung zu entkommen und nach Jordanien zu fliehen. Auch diese Niederlage wurde, ähnlich wie die verheerenden Erfahrungen des bewaffneten Widerstandes in Jordanien und schließlich im Libanon, nie auch nur ansatzweise kritisch analysiert.

In den besetzten Gebieten gab es, ähnlich wie von außen über die jordanische oder libanesische Grenze, immer wieder einzelne individuelle bewaffnete Aktionen. Der Schwerpunkt lag aber auf der politischen Mobilisierung der Gesellschaft, nicht zuletzt im Kontext eines regelrechten kulturellen Erwachens. In Jerusalem entwickelte sich ein spezifisch palästinensisches Theater mit der Gruppe *Ballalin.* Mustafa al-Kurd schuf fast eigenhändig das palästinensische politische Lied. Die Malerei, angeführt von Suleiman Mansour und einer ganzen Reihe von bildenden Künstlern (wie Nabil Anani, Taysir Barakat und Vera Tamari), spielte eine wichtige Rolle in dieser allgemeinen kulturellen Aufbruchsstimmung.

Abdul-Jawad Saleh, der im Dezember 1973 deportierte ehemalige Bürgermeister von al-Bireh, analysiert die Lage der palästinensischen Gesellschaft unter der Besatzung seit 1967 am treffendsten: »In einem gemeinsamen Kampf vereint zu sein, bedeutet nicht völlige Konformität. Es gab einen wesentlichen Unterschied zwischen den beiden Partnern … Der Slogan ›Nur die Waffe spricht‹ spielte nie eine bedeutende Rolle im Leben der Palästinenser unter der Besatzung, obwohl er emotional sehr wichtig war … Es war die Priorität der Palästinenser unter der Besatzung, eine Nation zu formen und Institutionen aufzubauen, die der Besatzung widerstehen konnten. Selbst ihr gewaltloser Kampf nahm die Form des Aufbaus von Massenorganisationen an.«[53]

Abu Jihad formulierte, durchaus in Ergänzung zu Abdul-Jawad Saleh, dass es das Ziel des bewaffneten Kampfes sei, »der hartnäckigen Entschlossenheit der Palästinenser, so lange zu kämpfen, bis sie ihre Rechte wiedergewonnen hatten, Ausdruck zu verleihen«.[54]

Yasir Arafat bekräftigte dies und wurde noch deutlicher: »Ich weiß sehr gut, dass wir Palästina auch durch den ›bewaffneten Kampf‹ nicht zurückgewinnen können. Wir müssen aber kämpfen, um der Welt zu zeigen, dass es uns gibt …, dass das palästinensische Volk existiert.«[55]

Das Ziel des Widerstandes in den besetzten Gebieten stand für die Menschen dort immer außer Frage. Sie wollten eine Beendigung der Besatzung und endlich ein Leben in Freiheit.

Immer wieder wurden Demonstrationen organisiert: von den Gewerkschaften der Arbeiter, der Ingenieure, der Ärzte, von Studenten, und nicht zuletzt von Schülerinnen und Schülern.

Die israelische Armee reagierte auch auf diese friedlichen Aktionen mit brutaler Gewalt. In Jenin ging sie 1974 mit Panzern gegen eine Demonstration von Schulmädchen vor. Eine siebzehnjährige Schülerin, Muntaha Hurani, wurde dabei von einem der Panzer überrollt und getötet.

Der Dichter Samih al-Qassem aus Rameh in Galiläa, also ein Palästinenser aus Israel, ein ›arabischer Israeli‹, schrieb ein Gedicht für Muntaha. Der Jerusalemer Mustafa al-Kurd vertonte es und sang es überall im Land. Seine Auftritte führten zu immer wieder neuen Demonstrationen, ob in der West Bank oder in Galiläa in Israel.

53 Abdul Jawad Saleh. 1987. Israel's Policy of De-Institutionalization. A Case Study of Palestinian Local Governments. London: Jerusalem Center for Development Studies, S. 24.

54 *Schu'un Filastiniya* 152/53, 1986, S. 14

55 Alan Hart. 1984. Arafat. Terrorist or Peacemaker. London: Sidgwick and Jackson, S. 173.

»Während eines Angriffs der zionistischen Invasionstruppen
Gegen unser Volk auf dem Westjordanufer
Wurde in Jenin
Die Schülerin Muntaha Hurani getötet
In den Meldungen hieß es,
Muntaha sei unter den Ketten der anrollenden
Invasionspanzer gefallen.
Muntaha war siebzehn Jahre alt.
Dies ist das Lied über Muntaha
Sie starb den Märtyrertod
Und lebt weiter
Eine neue Schule in Jenin
Wird ihren Namen tragen
Muntaha lebt weiter
Bis die Palästinenser wieder zurück sind
Als freie Menschen in ihrem Land.«

Auch innerhalb der Grenzen Israels entwickelte sich vor dem Juni-Krieg 1967 Widerstand. Dieser richtete sich nicht zuletzt gegen immer wieder neue Landenteignungen, mit denen den Palästinensern Land weggenommen wurde. Am 30. März 1976 rief die Kommunistische Partei, zusammen mit anderen politischen Gruppierungen und Personen, zum Generalstreik auf. Im ganzen Land sollte gegen die Ankündigung massiver Landenteignungen – Tausende von Dunum[56] – in Galiläa demonstriert werden.[57] Die israelische Armee ging mit massiver Gewalt gegen die Streikenden und Demonstrierenden vor. Innerhalb weniger Stunden gab es sechs Tote und an die 100 Verletzte sowie Hunderte von Verhaftungen. Nicht nur in den arabisch-palästinensischen Dörfern und Städten Israels, auch in den besetzten Gebieten und überall in der

56 Ein Dunum oder Dunam ist ein in Palästina übliches Flächenmaß. Ein Dunum sind ca. 1000 Quadratmeter.

57 Oren Yiftachel. 2006. Ethnocracy: Land and Identity Politics in Israel/Palestine. Philadelphia: Univ. of Pennsylvania Press.

Welt, wo Palästinenser leben und palästinensische Solidaritätsgruppen aktiv sind, wird seitdem an diesen »Tag des Bodens« erinnert.

Politische Entwicklungen

Statt einem demokratischen Staat für alle seine Bewohner, wie ihn die Fatah noch 1968 auf ihrem Programm hatte, setzte sich spätestens nach dem Oktober-Krieg 1973 die Idee einer Zwei-Staaten-Lösung durch.[58] Im Frühjahr 1972 proklamierte der jordanische König Husain einen neuen Plan zur Etablierung einer palästinensisch-jordanischen Föderation in der Form eines Vereinigten Königreiches. Auf dieser Basis sollte dann Frieden mit Israel geschlossen werden. Aus Israel kam, wie immer bei Vorschlägen von arabischer Seite, ein kategorisches Nein.

Das wiederum forderte die PLO und insbesondere Yasir Arafat heraus, mit realpolitischen Plänen aufzuwarten. Im Spätsommer 1972 wurde das Palästinensische Forschungszentrum in Beirut beauftragt, eine Studie über die Lebensfähigkeit eines palästinensischen Kleinstaates in der West Bank und im Gaza-Streifen zu erstellen.

Regionalpolitisch brauchte Arafat vor allem die Unterstützung der Golfstaaten und Saudi-Arabiens, politisch wie finanziell. Innerpalästinensisch stellten sich die DFLP von Nayef Hawatmeh sowie die von Syrien unterstützte Saiqa auf seine Seite. Entscheidend sollten jedoch politische Signale aus der palästinensischen Gesellschaft in den besetzten Gebieten sein. Dort hatte sich nach dem Schwarzen September in Jordanien eine breite Unterstützung für einen palästinensischen Staat zwischen Israel und Jordanien herausgebildet. 1974 führte dies zur Bildung der »Nationalen Front«, die sich als »integraler Teil der palästinensischen Nationalbewegung, wie sie in der PLO organisiert« war, verstand. In der Nationalen Front spielte die Kommunistische Partei eine dominierende Rolle, flankiert von

58 Hierzu und zum Folgenden im Detail: Baumgarten. 1991. Palästina: Befreiung in den Staat, S. 249–269.

der sich immer stärker prosowjetisch orientierenden DFLP. Innerhalb weniger Jahre konnte so eine Infrastruktur aufgebaut werden, die sich als Grundlage für einen palästinensischen Staat betrachtete. Die Gesellschaft organisierte sich politisch. Finanziert wurde dies alles durch Gelder, die über die PLO ins Land gebracht wurden. Schätzungen sprechen von 150 Millionen Dollar jährlich.[59]

Infolge des Oktober-Krieges hatte sich zudem eine Dynamik entwickelt, in der Ägypten und Syrien von der Zustimmung der PLO zu ihrer Strategie des Ausgleichs mit Israel direkt abhängig geworden waren. Nur die Bereitschaft der Palästinenser, auf die 1948 verlorenen Gebiete zu verzichten und einen Kleinstaat in den 1967 besetzten Gebieten zu akzeptieren, gab diesen beiden Staaten die Legitimität, vor ihrer eigenen Bevölkerung und generell in der arabischen Welt, auf ein Abkommen mit Israel hinzuarbeiten.

Während der zwölften Sitzungsperiode des palästinensischen Nationalrates, der im Juni 1974 in Kairo tagte, verabschiedeten die Palästinenser schließlich ein neues politisches Programm, das die Nationalcharta von 1968 in wesentlichen Punkten revidierte. Dieses erste Etappenprogramm argumentierte in Punkt 2, zumindest implizit, dass es neben dem bewaffneten Kampf noch andere Methoden des Widerstandes gebe: »Die PLO kämpft mit allen Mitteln – an erster Stelle durch den ›bewaffneten Kampf‹ – für die Befreiung des palästinensischen Landes und die Etablierung einer unabhängigen und den Kampf fortsetzenden nationalen Autorität des Volkes auf jedem Stück befreiten palästinensischen Landes.«[60]

Das sogenannte Zehn-Punkte-Programm von Kairo wurde mit großer Mehrheit verabschiedet, 183 von 187 Abgeordnete stimmten dafür.

Der Konsens innerhalb der PLO hielt jedoch nur kurze Zeit an. Schon im September 1974 kündigte die PFLP ihre Mitarbeit

59 Dov Shinar. 1987. Palestinian Voices. Communication and Nation Building in the West Bank. Boulder, Col.: Lynne Rienner, S. 7.

60 Politisches Programm (10-Punkte-Programm) des PNC in Kairo, 8. Juni 1974. Zitiert nach Mahdi Abdul Hadi 1997. Documents on Palestine. Jerusalem: PASSIA, S. 225–226.

im Exekutivkomitee auf. Im Irak entstand die sogenannte Verweigerungsfront, in der sich die PFLP unter George Habasch, das prosyrische PFLP-Generalkommando unter Ahmad Dschibril und schließlich die vom Irak kontrollierte Arabische Befreiungsfront zusammenschlossen. All dies sollte jedoch eine Episode bleiben. Die PFLP rückte nach und nach von ihrer Verweigerungshaltung ab und kehrte 1981 ins Exekutivkomitee zurück.

Die palästinensischen politischen Entwicklungen, vorangetrieben durch den unbeirrt verfolgten Kurs von Yasir Arafat in Richtung Zwei-Staaten-Lösung, kulminierten im Oktober 1974 in der Anerkennung der PLO »als der einzig rechtmäßigen Vertretung des palästinensischen Volkes« durch die arabische Gipfelkonferenz von Rabat. Die Konferenz wollte die PLO dabei unterstützen, »eine unabhängige nationale Autorität unter der Führung der PLO auf jedem Stück befreiten palästinensischen Territoriums zu errichten«.[61]

König Husain hatte zwar den palästinensischen Widerstand militärisch besiegt und aus Jordanien vertrieben, doch politisch hatte Arafat letztendlich den Sieg davongetragen – allerdings unter extrem hohen Kosten für die palästinensische Gesellschaft in Jordanien.

Direkt nach der Gipfelkonferenz von Rabat reiste Arafat im November zur Vollversammlung der Vereinten Nationen nach New York. Die UNO hatte ihn eingeladen, um als Präsident der PLO eine Rede zu halten. Mit gekonnter Theatralik trat Arafat ans Rednerpult und bot Israel seine Alternativen an: »Heute bin ich gekommen mit einem Ölzweig und mit der Waffe eines Freiheitskämpfers. Lasst den Ölzweig nicht aus meiner Hand fallen. Lasst den Ölzweig nicht aus meiner Hand fallen. Lasst den Ölzweig nicht aus meiner Hand fallen. In Palästina bricht Krieg aus, aber es wird in Palästina sein, wo der Friede geboren wird.«[62]

61 Resolution der Arabischen Gipfelkonferenz von Rabat, 28. Oktober 1974, in: Mahdi Abdul Hadi 1997. Documents on Palestine, Vol. I. Jerusalem: PASSIA, S. 226.

62 Rede Arafats vor der Generalversammlung der Vereinten Nationen am 13. November

Nach der Schlacht von Karama 1968 bildete das Jahr 1974 den zweiten Höhepunkt in der Geschichte der von Arafat angeführten PLO. Die gesamte palästinensische Gesellschaft, wo immer sie auch verstreut war, betrachtete von nun an die PLO als ihren einzigen legitimen Vertreter. Das Ziel eines palästinensischen Kleinstaates begann sich in allen Teilen der palästinensischen Gesellschaft in einem, wenn auch langen und schwierigen, Prozess durchzusetzen. In der arabischen Welt wurde die PLO als eigenständiger Akteur anerkannt und erwarb, nach den Katastrophen von 1948 und 1967, einen gleichberechtigten Platz im Konzert der arabischen Staaten. International erzielte die PLO einen Erfolg, den nur wenige nationale Befreiungsbewegungen hatten verbuchen können: die Anerkennung durch die Vereinten Nationen und den Beobachterstatus bei der UNO in New York. Was noch fehlte, war die Einladung zu Verhandlungen mit Israel, idealerweise im Rahmen einer von der Sowjetunion favorisierten internationalen Konferenz. Aber Arafat bekundete schon in diesen Jahren ernsthaftes Interesse an Verhandlungen unter der Obhut der USA. Der damalige US-Außenminister Kissinger ging darauf jedoch nicht ein. In seinen Plänen für die Region gab es keinen Platz für die Palästinenser.

Wie ein roter Faden zieht sich das PLO-Programm aus dem Jahr 1974 für die Etablierung eines palästinensischen Kleinstaates durch bis 1988, zur Sitzung des Palästinensischen Nationalrates in Algier. Nach einem Jahr Intifada hatte er weitgehend uneingeschränkte Unterstützung aus den besetzten Gebieten. Das wird im Detail in Kapitel III analysiert.

An dieser Stelle muss auf einen inzwischen oft vergessenen israelischen Wissenschaftler verwiesen werden, Yehoshafat Harkabi. In den 1950er-Jahren war er Chef des militärischen Abwehrdienstes, nach dem Junikrieg 1967 lehrte und forschte er als Professor

1974 (Original in Arabisch). In: Mahdi Abdul Hadi 1997. Documents on Palestine, Vol. I. Jerusalem: PASSIA, S. 226–234. Zitat S. 234. Die dreifache Wiederholung des wichtigsten Satzes war typisch für Arafats Redestil.

für Internationale Beziehungen an der Hebräischen Universität in Jerusalem. Bis Ende der 1960er-Jahre war er ein kompromissloser Befürworter einer harten Linie gegenüber den Palästinensern. Seit Ende der 1970er-Jahre/Anfang der 1980er-Jahre forderte er jedoch die Anerkennung der PLO und insbesondere Yasir Arafats als Verhandlungspartner und letztendlich eine israelische Zustimmung zur Zweistaatenlösung. Er argumentierte dabei auf der Basis der Schule des Realismus, letztendlich mit Verweis auf Machiavelli: Um ein Überleben Israels als einen jüdischen Staat zu garantieren, auch für kommende Generationen, gebe es keine Alternative als den Rückzug auf die Grenzlinien vor dem Krieg 1967 und die Anerkennung eines palästinensischen Staates. Arafat, so seine Überzeugung, sei der palästinensische Politiker, mit dem und unter dessen Ägide Israel dies durchsetzen könne.[63]

Die politische Realität in der Region nahm einen anderen Kurs. In den Camp-David-Verhandlungen vom September 1978, die der damalige US-Präsident Jimmy Carter zwischen Ägypten unter Präsident Anwar Sadat und Israel unter Premierminister Menachem Begin in die Wege geleitet hatten, wurden zwei Verträge unterzeichnet. Der erste Vertrag, »Rahmenabkommen für den Abschluss eines Friedensvertrags zwischen Israel und Ägypten«, bildete die Grundlage für den Friedensvertrag, den beide Staaten im März 1979 unterzeichneten. Der zweite und sehr viel komplexere Vertrag war das »Rahmenabkommen für Frieden im Nahen Osten«. Hier hätte nach dem Wunsch Sadats die Bereitschaft Israels zum Rückzug aus den 1967 besetzten Gebieten und die Zustimmung zur Errichtung eines palästinensischen Staates vertraglich geregelt werden sollen.

Begin erklärte sich zwar zum Rückzug der Armee aus der West Bank bereit (nie auch nur ansatzweise umgesetzt) und er erkannte die »legitimen Rechte des palästinensischen Volkes« an, was immer er darunter verstand. Nicht zum Nachgeben bereit war Begin in drei

63 Yehoshafat Harkabi 1983. The Bar Kokhba Syndrome. Risk and Realism in International Politics. Chappaqua, NY: Rossel Books sowie sein bekanntestes Buch: 1988: Israel's Fateful Decisions. London: I. B. Tauris.

Fragen: Jerusalem, Souveränität über die West Bank und Rückzug aus der Sinai-Halbinsel ohne Frieden zwischen Israel und Ägypten.

Mit Camp David waren zunächst alle Versuche Arafats, eine politisch-diplomatische Option für die PLO zu schaffen, gescheitert. Trotzdem hielt Arafat eisern an seinem Kurs fest. Er versuchte sowohl über König Husain als auch durch Vermittlungen amerikanischer Senatoren wie zum Beispiel Paul Findley, die Anerkennung der PLO durch die USA zu erreichen.

Parallel zu diesen diplomatisch-politischen Bemühungen intensivierte sich der »Verstaatlichungsprozess« der PLO im Libanon. Die Palästinenser bauten eine quasi-staatliche Infrastruktur auf, um damit die Grundlagen für den erhofften palästinensischen Staat zu schaffen. So entstanden eigene soziale Einrichtungen wie Krankenhäuser und Kindergärten, eine Presseagentur, eine Radiostation, eine Filmabteilung, ja eine ganze Reihe von Vorläufern für die klassischen Ministerien eines jeden Staates.

West Bank und Gaza nach dem Libanon-Krieg – Leben und Widerstand unter dem modernsten aller Besatzungsregime

Wie hatte sich das Besatzungssystem seit 1967 entwickelt und was waren die bedrohlichsten Herausforderungen für die Gesellschaft? Israel Shahak, einer der schärfsten Kritiker der israelischen Politik gegenüber den Palästinensern, arbeitet die entscheidenden Elemente dieser Politik heraus: Land, Wasser und ökonomische Ausbeutung. Israel hat, so Shahaks Interpretation der Fakten, sofort nach der Eroberung der West Bank inklusive Ost-Jerusalem und des Gaza-Streifens dort ein Apartheid-Regime errichtet, und zwar in allen Bereichen des Lebens.

Land

Die Landenteignungen begannen direkt nach dem Ende des Juni-Krieges 1967. Noch während des Krieges vertrieb die Armee die Bewohner von Beit Nuba, Yalu und Amwas (das biblische Emmaus) und machte ihre Dörfer dem Erdboden gleich. Inzwischen wurde ein israelischer Erholungspark auf dem Boden dieser Dörfer angelegt. Land wurde zunächst mit folgenden Methoden enteignet:

»Beschlagnahme für militärische Zwecke, Schließung für militärische Übungen, Übernahme von jordanischem Staatseigentum, Übernahme des Eigentums von Abwesenden durch einen Treuhänder, Enteignung für öffentliche Zwecke, Erklärung von nicht registriertem Land zu Staatsland, Wiederinbesitznahme ehemaligen jüdischen Landes und schließlich Kauf.«[64]

Bis 1979 überwog die sogenannte militärische Beschlagnahme. Seitdem benutzt Israel eine andere Methode: wenn ein privater Eigentumsanspruch nicht zweifelsfrei nachgewiesen werden kann, wird das Land schlicht zu Staatsland erklärt.[65]

Der Reichtum an Land, über den Israel in den besetzten Gebieten verfügt, ermöglichte die Anlage eines ganzen Netzwerks von Siedlungen, die präzise als koloniale Siedlungen benannt werden müssen. Ende 1990 lebten bereits rund 100.000 Siedler in der West Bank. Im Jahr 2021 ist ihre Zahl auf über 450.000 in der West Bank und über 200.000 in Ost-Jerusalem angewachsen.

Wasser

Knapp ein Drittel des von Israel verbrauchten Wassers kommt aus der West Bank. »Das ist die Grundlage für Israels Forderung, dass die Kontrolle über das Wasserpotenzial der West Bank unter allen Umständen in der Hand Israels bleiben muss.«[66] Darauf bestand Israel nicht zuletzt am Rande von Camp David. Der palästinensische

64 Alexander Flores 1988. Intifada. Aufstand der Palästinenser. Berlin: Rotbuch Verlag, S. 35.

65 Raja Shehadeh 1988 (2. Auflage). Occupier's Law. Israel and the West Bank. Washington D.C.: IPS, S. 17–59.

66 Meron Benvenisti 1986. Report 1986. Jerusalem: West Bank Data Base Project, S. 20.

Wasserverbrauch in der Landwirtschaft wird von Israel seit Jahren konstant gehalten, während der israelische allein in den 1980er-Jahren um über 100 % wuchs. Jeder jüdische Siedler in der West Bank verbraucht mindestens dreimal so viel Wasser wie ein Palästinenser.

Schließlich ist der Bau von Siedlungen in der West Bank nicht von Israels Abhängigkeit von den dortigen Wasserreserven zu trennen. Deshalb beschloss die Regierung 1977, noch unter der Ägide der Arbeiterpartei, »eine Reihe jüdischer Siedlungen im westlichen Samaria (die israelische Diktion für den Norden der West Bank; HB) zu bauen, um fremde Kontrolle über die Wasser-Ressourcen in der Region zu verhindern«.[67]

Ökonomische Ausbeutung

Israel verhinderte von Anfang an jede ökonomische Entwicklung in der West Bank und im Gaza-Streifen. Für Gaza entwickelte Sara Roy den Begriff des »De-Development«.[68] In den 1980er-Jahren war die Wirtschaft der West Bank unterentwickelt, nicht lebensfähig und extrem abhängig von Israel. Die Landwirtschaft stagnierte und der Beitrag der Industrie zum Bruttosozialprodukt ging im Vergleich zu 1967 zurück. Die besetzten Gebiete waren zu einem Reservoir billiger Arbeitskräfte für Israel und zu einem Absatzmarkt für israelische Waren reduziert worden. Gleichzeitig aber war der Lebensstandard der Bevölkerung auf der Basis der Löhne, die palästinensische Arbeiter in Israel erhielten, kontinuierlich angestiegen.[69]

Neben Land, Wasser und ökonomischer Ausbeutung muss das israelische System der Bevölkerungskontrolle analysiert werden. Seit 1987 basiert das System auf einer computerisierten Datenbank,

67 *Haaretz*, 3. Mai 1989. Zitiert nach Shahak-Pressedienst, The Israeli theft of water from the erritories and the water problem in Palestine in general, S. 4.

68 Sara Roy. 2016 (3rd edition). The Gaza-Strip: The Political Economy of De-development. Washington: Institute of Palestine Studies.

69 Benvenisti 1986, S. 67, 80ff.

in der alle relevant erscheinenden Informationen über jeden Palästinenser gespeichert werden. Meron Benvenisti nennt es ein »nicht zu übertreffendes Instrument der Bevölkerungskontrolle«, »einen Meilenstein in der Institutionalisierung des perfekten Polizeistaates«.[70]

»Jeder Aspekt im Leben eines Palästinensers unter der Besatzung«, so der palästinensische Rechtsanwalt und Schriftsteller Raja Shehadeh, »wird durch Militärverordnungen kontrolliert.«[71] Leben unter israelischer Besatzung heißt, dass jederzeit grundlegende Bürger- und Menschenrechte verletzt bzw. generell verwehrt werden können, sowohl durch die Armee als auch in immer stärkerem Umfang durch Siedler, die berechtigt sind, Waffen zu tragen. Zu nennen sind hier die Brutalitäten der Armee bis hin zu Fällen fahrlässiger Tötung (inzwischen gezielter Tötung), Schikanen aller Art, ungesetzliche Bestrafungen, Ausgangssperren, willkürliche Verhaftungen und Hausdurchsuchungen, Stadt- und Hausarrest, Misshandlungen und auch immer wiederkehrende Fälle von Folter, Versiegeln und Sprengen von Häusern, Einschränkung der Gedanken- und Redefreiheit sowie des Rechtes auf Erziehung und Bildung.

Den Höhepunkt bildet das Verbot jedweder politischen Betätigung. Politische Versammlungen sind untersagt, die Zensur ist allgegenwärtig. Wo alle anderen Verbote nicht greifen, verhängt die Armee schlicht Ausgangssperren. »Die Palästinenser in der West Bank«, so Raja Shehadeh, »werden in ihrem eigenen Land wie Ausländer mit ständiger Aufenthaltsgenehmigung behandelt.« Aus dem Zusammenspiel all dieser Faktoren wird für Shehadeh deutlich, dass es das Ziel der israelischen Besatzung ist, die Palästinenser zum Verlassen ihrer Heimat zu bewegen, um dann das leergewordene Land annektieren zu könnten.[72]

70 Meron Benvenisti 1987. Report 1987. Jerusalem: West Bank Data Base Project, S. 34f.

71 Raja Shehadeh 1988, S. 117.

72 Raja Shehadeh 1988, S. 4f. Er zitiert dabei einen ehemaligen Chef des militärischen Abwehrdienstes: »Some people talk of expelling 700.000 to 800.000 Arabs in the event

Während Israel Shahak die Besatzung als Apartheid-System[73] charakterisiert, spricht Meron Benvenisti von »internem Kolonialismus«. Palästinenser unter der Besatzung sind, so Benvenisti weiter, »bar aller politischer Rechte, angeblich als Folge der militärischen Besatzung. Gleichzeitig aber sind nicht einmal ihre Rechte gewährleistet, die ihnen auf der Basis internationaler Konventionen über militärische Besatzungen zustünden, da die israelische Regierung die Anwendbarkeit dieser Konventionen auf West Bank und Gaza-Streifen nicht anerkennt, weil sie nicht besetzt seien, sondern entweder herrenlos oder Eigentum des jüdischen Volkes.«[74]

Unter diesen Bedingungen leben die Palästinenser seit 1967. Seither protestieren und kämpfen sie gegen dieses »modernste« aller Besatzungsregime. Im August 1985 verkündete Verteidigungsminister Yitzhak Rabin die »Politik der eisernen Faust«: Im selben Jahr wurden 31 Personen deportiert, nachdem zwischen 1980 und 1985 auf diese nach internationalem Recht illegale Strafmaßnahme verzichtet worden war. »Administrativhaft« wurde wieder angewandt, nachdem fünf Jahre darauf verzichtet worden war; über 110 Personen wurden so ohne reguläre Rechtsverfahren sechs Monate oder länger inhaftiert. Häusersprengungen wurden wieder in großem Umfang durchgeführt: 4 Sprengungen 1984, 55 Sprengungen 1985.

Schließlich waren die Palästinenser in den 1980er-Jahren zunehmend den Provokationen und brutalen Ausschreitungen der Siedler ausgesetzt. »Die Praxis lehrt, dass man in Judäa und Samaria (also in der West Bank; HB) ... auf Leute schießen und sie töten kann, ohne deswegen wirklich bestraft zu werden.« Benvenisti notiert für 1987 eine wachsende Zahl immer schwerwiegenderer »Vergeltungs«-Angriffe durch jüdische Siedler: Einsatz von Schusswaffen, Zertrümmern von Autoscheiben, Brandschatzung von Häusern, Zusammenschlagen von Passanten etc.[75]

of a new war, and instruments have been prepared for the contingency.«

73 Also lange vor Human Rights Watch und B'Tselem

74 Benvenisti 1987, S. 70.

75 Shehadeh 1988, S. 129 und Benvenisti 1987, S. 41 und S. 44.

Schon 1976 erhob die israelische Besatzungsmacht eine neue Steuer, die Mehrwertsteuer. Geschäftsleute und Ladenbesitzer protestierten vehement und antworteten darauf mit einer Serie von Streiks. Bei Demonstrationen kam es zu blutigen Zusammenstößen mit Polizei und Armee. Die Palästinenser argumentierten, dass nach den Bestimmungen der Haager Konvention die Erhebung neuer Steuern durch die Besatzung illegal sei. Ihren Streik konnten sie zwei Monate lang durchhalten.

Im Dezember 1981 erhob Israel die Mehrwertsteuer auch im Gaza-Streifen. Auch dort kam es zu Streiks, denen sich selbst konservative Politiker wie der pro-jordanische Bürgermeister von Gaza, Raschad asch-Schawa, anschlossen. Der Protest schlug schnell von einem rein ökonomischen zu einer generellen Ablehnung der repressiven israelischen Besatzungspolitik um.

Schawa formulierte stellvertretend für die ganze Gesellschaft: »Wir lehnen die israelische Besatzung ab. Wir lehnen es ab, durch Israel … versklavt zu werden. Wir sind ein freies Volk. Wir bestehen auf unserem Recht der Selbstbestimmung … Interpretieren Sie dies alles nicht nur als Widerstand gegen die Mehrwertsteuer.«[76]

Mit der Einführung der Mehrwertsteuer hatte Israel offensichtlich die Schraube der Unterdrückung überdreht. Immer größere Teile der palästinensischen Geschäftswelt aus Kleinbürgertum und Bourgeoisie stellten sich aktiv gegen die Besatzung und entschieden sich für eine Unterstützung der Nationalbewegung. Ein immer stärkerer Steuerdruck bläute auch dem apolitischsten Geschäftsmann den Nationalismus ein und führte über kurz oder lang zur Übernahme einer historisch gewordenen Forderung aus einem ganz anderen Kontext: no taxation without representation.

Die Arbeitsmigration aus der West Bank und aus dem Gaza-Streifen hatte direkt nach 1948 begonnen. Bis 1967 verließen 200.000 Palästinenser ihre Heimat, von 1969 bis 1981 waren es insgesamt 150.000 Arbeitsmigranten aus der West Bank und

76 Geoffrey Aronson 1987. Creating Facts: Israel, Palestinians and the West Bank. Washington D. C.: IPS, S. 264f.

dem Gaza-Streifen. Von 1975 bis 1980 migrierten jährlich 13.000 Palästinenser, 1981 waren es sogar 20.000; die allermeisten gingen in die Golfstaaten. 1983 schlug dieser Trend wegen der ökonomischen Rezession in den Golfstaaten um: 1984 gab es nur noch 3000 palästinensische Arbeitsmigranten. Die politischen Folgen dieser langfristigen ökonomischen Entwicklung sind unübersehbar. Die Mitglieder der am stärksten politisierten Gruppe in der palästinensischen Gesellschaft, Schüler und Studenten, die seit Beginn der Besatzung Jahr für Jahr ihre erfahrensten Aktivisten durch Arbeitsmigration verloren hatten, waren seitdem gezwungen, im Lande zu bleiben. Und aus ihnen rekrutierte sich ein immer größeres Heer von Arbeitslosen, die ein großes Konfliktpotenzial bildeten.

Wie im Falle der Mehrwertsteuer verbinden sich auch hier ökonomische Probleme mit sozialer und politischer Unzufriedenheit und produzieren ein explosives Gemisch.

Zusammenfassung

Die 1970er- und 1980er-Jahre erscheinen im Rückblick als eine sich immer weiter zuspitzende Serie von Angriffen gegen die politische, nationale und oft schlicht physische Existenz der Palästinenser in der Diaspora wie in den besetzten Gebieten. Es begann mit dem Schwarzen September und kulminierte im Krieg von 1982 gegen die PLO im Libanon. Die PLO/Fatah-Führung unter Arafat zusammen mit PFLP und DFLP stimmten darin überein, dass die Lösung nur in den besetzten Gebieten gefunden werden konnte. Sie konzentrierten deshalb seit Camp David 1978 bzw. seit dem Krieg 1982 ihre politische und organisatorische Arbeit dort, um gemeinsam mit der palästinensischen Gesellschaft für eine staatliche Lösung ihrer nationalen Frage zu kämpfen. Ihre Mobilisierung fiel auf fruchtbaren Boden. Schließlich hatte der Besatzungsalltag mit seinem vielschichtigen Unterdrückungssystem der Nationalbewegung ungeahnten Auftrieb gegeben. Auch die Palästinenser in den besetzten Gebieten waren von allen Seiten bedroht, und wie ihre Landsleute im Libanon standen sie unter ständigem Druck.

Die Schriftstellerin Sahar Khalifa drückt dies literarisch sehr eindrucksvoll aus: »Innere Spannung, äußere Spannung – Du fühlst Dich wie in einem Strudel, einem Wirbelsturm, einem Dampfkochtopf – Besatzung, Demonstrationen, Nachrichten, Prozesse, Gefängnisse, zerstörte Häuser, zerstörte Seelen, Steuern – eine neue Abwertung, eine neue Siedlung. Spannung. Sie bauen eine neue Siedlung dort; morgen bauen sie eine neue Siedlung hier. Und wohin soll ich dann gehen? Wer wird meinen Protest hören?«[77]

Der bewaffnete Kampf der Fatah und der Linken, wie er bis dahin zumindest verbal und als mobilisierender Mythos noch aufrechterhalten wurde, war in jeder Hinsicht gescheitert. Eine militärische Lösung war mit ihm ausgeschlossen. Vor diesem Hintergrund blieb für die PLO und an erster Stelle für die Fatah nur der Weg politischer und diplomatischer Verhandlungen offen.

Festzuhalten bleibt abschließend, dass diese Jahre von großen Widersprüchen gekennzeichnet waren. Karama war einerseits ein historischer politischer Erfolg, führte aber zur Herausbildung des Fetischs des bewaffneten Kampfes. Der bewaffnete Kampf der Palästinenser war in dieser Periode vor allem mobilisierend-politisch ausgerichtet, nie aber ein nationaler Befreiungskampf, wie wir ihn aus Vietnam oder Algerien kennen.

Zu beobachten ist die List der Geschichte hinter dem Rücken der Akteure. Jordanien schlug die PLO 1970/71 vernichtend, nur damit diese 1974 als einzig legitime Vertretung der Palästinenser zurückkam. Und im Libanonkrieg 1982 meinte Israel, die PLO endgültig ausgeschaltet zu haben. 1994 kam sie jedoch durch die Hintertür wieder auf die politische Bühne und etablierte sich in den besetzten Gebieten.

77 Vortrag von Sahar Khalifa vom November 1978 im International Writers' Seminar, Iowa City. Zitiert nach Ann Lesch 1980. Political Perceptions of the Palestinians on the West Bank and the Gaza Strip. Washington D. C.: The Middle East Institute, S. 103.

III. Erste Intifada und Oslo: 1987–2004

Die Intifada

Am 9. Dezember 1987 begann im Gaza-Streifen die Intifada, der erste palästinensische Massenaufstand nach 20 Jahren Besatzung. Anlass war ein Unfall an der Kontrollstelle Erez, dem »Tor« zum Gaza-Streifen, nur wenige Kilometer nordöstlich vom Flüchtlingslager Dschabaliya. Ein israelischer Lastwagen, der aus Gaza kam, geriet aus ungeklärten Gründen auf die Gegenfahrbahn und stieß frontal mit zwei Mini-Bussen zusammen, in denen palästinensische Arbeiter aus Dschabaliya auf dem Rückweg von ihrer Arbeit in Israel waren. Vier der Männer wurden sofort getötet, die anderen verletzt.

Im Lager verbreitete sich sofort das Gerücht, der israelische Lastwagenfahrer habe den Unfall absichtlich verursacht. Da nur wenige Tage zuvor ein Israeli mitten in Gaza erstochen worden war, vermuteten die meisten einen Racheakt hinter dem Unfall.

Innerhalb von Stunden wurde deshalb, von Dschabaliya ausgehend, überall im Gaza-Streifen gegen die Besatzung demonstriert. Anschließend breitete sich der Aufstand auf die West Bank und Ost-Jerusalem aus und innerhalb weniger Tage hatte er unter dem Namen »Intifada« das ganze Land überzogen. In Flüchtlingslagern, Dörfern, Städten, überall wurde protestiert und demonstriert, teils spontan, teils von militanten palästinensischen Nationalisten organisiert. Schon Mitte Dezember konnte die israelische Armee die Lage nicht mehr kontrollieren.

Der Unfall in Erez war der Tropfen, der das Fass zum Überlaufen gebracht hatte. Insbesondere seit Beginn des Jahres 1987 hatten die Palästinenser in Gaza reiche Erfahrungen in Massenaktionen, Demonstrationen und Angriffen gegen die Armee gesammelt. Die Operationen des *Jihad al-Islami* (Islamischer Jihad), einer radikalen Abspaltung von den Muslimbrüdern, gegen Armee und

Geheimdienst in Gaza und die daran anschließenden Massenunruhen, ebenso wie der wochenlange Aufstand im Flüchtlingslager Balata bei Nablus, angeführt von der Fatah-Jugendorganisation *Schabiba*, erwiesen sich als »Generalprobe« für den Aufstand ab Dezember.

Die gesamte palästinensische Gesellschaft quer durch alle Klassen und sozialen Schichten, selbst die Bourgeoisie, wurde gegen die Besatzung aktiv. Und die Palästinenser waren organisiert, sei es in der *Schabiba*, im islamischen *Jihad*, in der Kommunistischen Partei (PKP) und in den linken Organisationen PFLP und DFLP, in zahllosen Basisorganisationen, aber auch in den Gewerkschaften, den Berufsverbänden und den Handelskammern. Musa Budeiri, Historiker an der Universität Birzeit, brachte die schon im Oktober 1987 herrschende Stimmung auf einen Nenner: »Die Palästinenser haben nur eine Forderung von universaler Bedeutung ... ›Wir wollen unsere Freiheit ... und wir wollen sie JETZT‹.«[78]

Im Dezember 1987 waren fast alle Palästinenser auf der Straße, um ihre kompromisslose Ablehnung der Besatzung zu demonstrieren. Die israelische Armee reagierte mit brutaler Gewalt. Sie schoss mit scharfer Munition gegen die Demonstranten, es gab zahllose Tote und Verletzte.[79] Die Initiative lag aber in dieser Phase in den Händen der Palästinenser. Für sie ging es jetzt darum, die Dynamik des Aufstandes zu erhalten, ihn weiterzuführen bis zum Erfolg, zur Beendigung der Besatzung. Dazu brauchte es Organisation und Führung. Den entscheidenden Durchbruch brachte die Konstituierung der »Vereinigten Nationalen Führung der Intifada« (VNFI). Darin waren Fatah, Islamischer Jihad, DFLP, PFLP und PKP zusammengeschlossen. Die VNFI operierte aus dem Untergrund. Sie griff mit regelmäßig erscheinenden und durchnummerierten Flugblättern in die Intifada ein und gab ihr die notwendige Struktur. Die Führung war nicht bekannt in der

78 *Jerusalem Post*, 27. Oktober 1987.

79 Alexander Flores 1988. Intifada, S. 69. Allein bis Weihnachten 1987 soll es 21 Tote gegeben haben.

Öffentlichkeit und eben dies verlieh ihr eine geheimnisumwitterte und gleichzeitig unangreifbare Autorität.

Die VNFI arbeitete nach ihrer Gründung an der Institutionalisierung der Streiks. Nachdem in Ost-Jerusalem 41 Tage lang ununterbrochen gestreikt worden war, begleitet von Solidaritätsstreiks überall in der West Bank, musste eine Lösung gefunden werden, die für die Bevölkerung tragbar war. Fatah scheint dabei der Wegbereiter gewesen zu sein. Ein internes Strategiepapier vom 20. Februar 1988 konzentriert sich auf den Handelssektor als den »ausschlaggebenden Faktor für die Aufrechterhaltung der Intifada«. Nur er sei in der Lage, die gesamte Wirtschaft in einem Generalstreik lahmzulegen. Entscheidend für die Fatah war dabei, dass der Generalstreik durchgehalten werden könne. Eben aus diesem Grund müsse er zeitlich begrenzt sein und durch die Flugblätter der VNFI organisiert und koordiniert werden.[80]

Im Frühjahr 1988 startete die VNFI schließlich eine Kampagne des zivilen Ungehorsams. Ziel war die Befreiung und schrittweise Abkoppelung von der israelischen Besatzung und parallel dazu der Aufbau alternativer sozialer, politischer und ökonomischer Strukturen. Das große Ziel stand vor Augen: ein unabhängiger palästinensischer Staat. Der Massenaufstand gegen die Besatzung sollte in eine Volksbewegung zur Erlangung der Unabhängigkeit transformiert werden. Die aggressiven Energien der demonstrierenden Massen mussten in konstruktive Bahnen gelenkt, Widerstandskämpfer zu Staatsgründern werden. Die Flugblätter vom Frühjahr bis Sommer 1988 zeigen dies sehr deutlich.

Die anfänglichen Erfolge waren unerwartet groß. Polizisten ebenso wie Angestellte bei den Besatzungsbehörden legten ihre Arbeit nieder. Der Steuerboykott wurde fast vollständig durchgeführt. Lokale Komitees übernahmen alle anfallenden Aufgaben: statt der Polizei entstanden lokale Wachkomitees; die Palästinenser entwickelten ein alternatives Erziehungssystem, sie gründeten

80 Salim Tamari 1990. The Revolt of the Petite Bourgeoisie: Urban Merchants and the Palestinian Uprising, in: Roger Heacock and Jamal Nassar (eds.): Intifada S. 165

medizinische Komitees, aber auch Landwirtschaftskomitees, die mit dem Schlagwort »zurück zum Land«, gar mit dem Fernziel wirtschaftlicher Autarkie, aktiv waren.

Verteidigungsminister Rabin, der schon mit einem ersten Befehl, den Aufständischen die Knochen zu brechen, versucht hatte, die Intifada in den Anfängen zu stoppen, griff ein zweites Mal ein. Im August 1988 kündigte er an, dass die Aktivität in einem der neugebildeten Komitees unter Strafe gestellt war. Dies führte zum großen Bruch in der Entwicklung einer alternativen palästinensischen Infrastruktur. Die Mobilisierung und Aktivierung der gesamten Bevölkerung wurde nachhaltig gestoppt und Rabin gelang es, einen zentralen Lebensnerv der Intifada als einer konstruktiven Aufbaubewegung zu durchschneiden. Erschwerend kam hinzu, dass der jordanische König Husain am 1. August 1988 auf die Souveränität über die West Bank verzichtete. Die Besatzungsarmee hinderte so die Intifada, in diesem neu entstandenen Vakuum die Strukturen für einen künftigen Staat zu schaffen und zu erproben.

Die Proklamation des palästinensischen Staates

Am 15. November 1988, nach knapp einem Jahr Massenaufstand in den besetzten Gebieten, erreichte die Intifada ihren Höhepunkt. Der palästinensische Nationalrat proklamierte auf seiner Sitzung in Algier in seltener Einmütigkeit einen unabhängigen palästinensischen Staat. »Ausgehend von den Resolutionen der arabischen Gipfelkonferenzen und der internationalen Legitimität, wie sie in den Beschlüssen der Vereinten Nationen seit 1947 verkörpert wird« und »in Ausübung der Rechte des palästinensischen Volkes auf Selbstbestimmung, politische Unabhängigkeit und Souveränität über sein Land, proklamiert der Palästinensische Nationalrat … die Gründung des Staates Palästina auf seinem palästinensischen Boden mit Jerusalem als Hauptstadt.«[81]

81 Informationsstelle Palästina (Hrsg.) 1989. Die palästinensische Friedensinitiative. Palästina Dokumentation Nr. 12, S. 4.

Eine Entwicklung, die im April 1974 mit der Entschließung des 12. palästinensischen Nationalrates (PNC) in Kairo für die Errichtung einer »palästinensischen nationalen Autorität auf jedem Stück befreiten Landes« eingeleitet worden war, hatte damit ihren krönenden Abschluss gefunden. Gleichzeitig war die Unabhängigkeitserklärung das erste offizielle Dokument der PLO, das sich positiv auf die Teilungsresolution von 1947 bezog. Damit schlug sie gleichzeitig einen Bogen zur *nakba* und zur Entstehung des Staates Israel.

»Trotz der historischen Ungerechtigkeit, die dem palästinensisch-arabischen Volk widerfuhr und die dazu führte, dass es in viele Richtungen vertrieben und seines Rechtes auf Selbstbestimmung beraubt wurde, … stellt diese UN-Resolution 181 (1947) … das Recht des palästinensisch-arabischen Volkes auf Souveränität und nationale Unabhängigkeit sicher.«[82]

Der palästinensische Nationalrat legitimierte die Staatsproklamation mit der Intifada und ihren Erfolgen. Im PNC-Beschluss von Algier fehlt, anders als in früheren Erklärungen, die Hervorhebung des bewaffneten Kampfes als einzig möglicher Form des Befreiungskampfes. Stattdessen formulierte der Palästinensische Nationalrat seine Unterstützung der »Fortsetzung des Kampfes in allen Formen«.

Hamas – eine neue Opposition gegen PLO und Fatah

Mit Beginn der Intifada entstand in den besetzten Gebieten ein neuer Konkurrent, eine zusehends stärkere Opposition gegen die Fatah und überhaupt gegen die PLO, die »Bewegung des Islamischen Widerstandes«. Sie wurde Anfang Dezember 1987 gegründet. Seit dem Frühjahr 1988 setzte sich der Name Hamas (auf Deutsch Eifer) für diese neue Organisation durch.

Ähnlich wie die nationalistischen Organisationen von Fatah

82 Ebenda S. 3.

bis zur PFLP beanspruchte auch die Hamas, sie habe die Intifada begonnen. Das nachweislich erste Flugblatt der Intifada vom 14. Dezember 1987 stammt eindeutig von der Hamas. Auch die führende Rolle der Muslimbrüder bei den Demonstrationen und Zusammenstößen im Gaza-Streifen in den ersten Wochen der Intifada scheint unwiderlegbar.

Die ersten Flugblätter der VNFI wurden dagegen erst im Januar 1988 verteilt. Ab Flugblatt Nummer 3 schließlich sind alle entscheidenden Merkmale der nationalistischen Flugblätter vorhanden: Überschrieben mit der Formel: »Keine Stimme erhebe sich über die Stimme der Intifada, die Stimme des palästinensischen Volkes, des Volkes der PLO« mit einer Unterzeile: »nida, nida, nida« (Aufruf auf Arabisch) und darunter »Aufruf Nummer 3«. Unterzeichnet war das Flugblatt mit »PLO, Vereinigte Nationale Führung der Intifada in den Besetzten Gebieten« sowie mit einem Datum.

Festzuhalten bleibt, dass die ersten Massendemonstrationen eher spontan begannen und dass je nach Ort und Region verschiedene Führungspersönlichkeiten oder politische Organisationen eine größere oder kleinere Rolle spielten. Erst nach und nach wurde der Aufstand organisiert und institutionalisiert, wie wir aus der Geschichte von Aufständen wissen.

Die Muslimbrüder in Gaza und in der West Bank wurden vor allem durch die Abspaltung des islamischen *Jihad* (schon Anfang der 1980er-Jahre) sowie durch die Massendemonstrationen am 9. Dezember direkt herausgefordert. Schließlich musste für eine Bewegung mit einer starken Verwurzelung in der palästinensischen Gesellschaft unübersehbar werden, dass die Lage der Menschen unter der Besatzung auf eine Krise hinsteuerte. Scheich Ahmad Yasin, Mitgründer und Anführer der Muslimbrüder (MB) in Gaza, war zu schnellem Handeln gezwungen und er reagierte mit der Gründung des Islamischen Widerstandes. In der Gründungsgruppe finden sich bis heute bekannte Namen wie Scheikh Ahmad Yasin (von Israel 2004 ermordet), Scheikh Salah Schehadeh (von Israel 2002 in einem Luftangriff ermordet, der viele sogenannte »Kollateralschaden« verursachte, anders ausgedrückt, mindestens fünfzehn Menschen wurden mit ihm in den Tod gebombt, darunter sieben Kinder), Dr. Abd al-Aziz ar-Rantisi (von Israel ebenfalls 2004, kurze Zeit nach Scheikh Yasin, ermordet).

Organisatorisch bestand die Hamas aus dem Islamischen Zentrum in Gaza, das Scheikh Ahmad Yasin für die religiös-soziale Arbeit der Muslimbrüder aufgebaut hatte. Außerdem gehörte der 1986 gegründete Sicherheitsapparat *(al-majd)* der Muslimbrüder unter dem heutigen Hamas-Führer in Gaza, Yahya Sinwar (er wurde mehr als 20 Jahre in israelischer Haft festgehalten), dazu, zusammen mit dem militärischen Arm der Muslimbrüder, den *mujahidun al-filastiniyun*, 1982 durch Sheikh Ahmad Yasin gegründet und seit 1987 unter der Kontrolle von Scheikh Salah Schehadeh aus Beit Hanun.

Die Rolle der Muslimbrüder bzw. der Hamas war vor allem im Gaza-Streifen in den ersten Tagen der Intifada zentral. Eine vergleichbar wichtige Position auch in der West Bank und in Ost-Jerusalem war das Ziel der Hamas. Allerdings lag dort die Führung der Aufstände in der Hand der PLO, also der Fatah und der kleinen linken Organisationen.

Vergleicht man die Flugblätter der Hamas mit den Flugblättern der VNFI wird ein neuer palästinensisch-religiös-nationalistischer Diskurs erkennbar, der seitdem in offener Konkurrenz zum Diskurs der palästinensischen Nationalisten in der PLO steht, wie er sich in den 1970er- und 1980er-Jahren herausgebildet hatte. Der Diskurs der PLO war nationalistisch und versuchte, alle Gruppen der palästinensischen Gesellschaft zu integrieren: alle ideologischen Richtungen von links über die Mitte bis zur konservativen Rechten, alle Religionen und Weltanschauungen, alle sozialen Gruppen, alle Altersgruppen, Männer wie Frauen, Stadt- wie Landbevölkerung. Entscheidend war immer die Anerkennung der uneingeschränkten Führung der PLO als der einzig legitimen Vertretung des palästinensischen Volkes, wie sie in Rabat 1974 sanktioniert worden war. Politisches Ziel der PLO war die Beendigung der

Besatzung und die Errichtung eines palästinensischen Staates in den befreiten Gebieten. Letzteres wurde jedoch erst im November 1988 durch die palästinensische Gesellschaft breit legitimiert.

Demgegenüber war der Diskurs des Islamischen Widerstandes, also der Hamas, religiös-nationalistisch. Bis August 1988 richtete er sich ausschließlich an die palästinensischen Muslime bzw. an das palästinensische Volk als ein muslimisches Volk. Gleichzeitig attackierte er ohne Unterlass alle Atheisten, für ihn vertreten in der palästinensischen Kommunistischen Partei und vor allem in der Sowjetunion.

Das Feindbild der PLO war in den Jahren nach 1967 die israelische Besatzung geworden. Man griff Israel und den Zionismus an. Das Feindbild der Hamas hingegen war eher vom Feindbild der Fatah und der Vorläufer der palästinensischen Linken aus den 1960er-Jahren geprägt: Juden, das zionistische Gebilde, die jüdischen oder zionistischen Besatzer, manchmal auch Israel. Dennoch lag der Schwerpunkt, ähnlich wie bei der PLO, auf einer kompromisslosen Ablehnung der Besatzung. Immer wieder finden sich aber auch Verweise auf die palästinensischen Gebiete, in denen 1948 der Staat Israel gegründet wurde. Hamas, wie historisch die Muslimbrüder in Palästina, bestand darauf, dass kein Teil des historischen Palästina jemals aufgegeben werden dürfe.

Maximalforderungen also im religiös-nationalistischen Diskurs der Hamas, tendenziell gemäßigte Forderungen im Diskurs der PLO, die bis November 1988, dem Monat der Staatsproklamation, zusehends lauter werden.

Israel und die Hamas

Bis heute scheint ein Mythos die Hamas bzw. die Muslimbrüder regelrecht zu verfolgen: Danach soll die Hamas von Israel gegründet worden sein, um die PLO zu schwächen. Schon vor 1987, vor allem in den 1970er-Jahren, habe Israel die Muslimbrüderschaft nachhaltig unterstützt, sowohl politisch-institutionell als auch finanziell, mit dem Ziel, die palästinensische Gesellschaft zu spalten und der PLO und ihren Organisationen direkt zu schaden. Quellen dazu gibt es wohl keine. David Shipler, ehemaliger Korrespondent der *New York Times*, ist der Einzige, der berichtet, dass er vom ehemaligen Militärgouverneur in Gaza erfuhr, dass dieser den Bau von Moscheen durch die Muslimbrüder mitfinanziert habe.[83] Direkt darauf angesprochen, verneinen palästinensische Muslimbrüder ebenso wie die spätere Hamas-Elite kategorisch, jemals irgendwelche finanzielle Hilfe von der Besatzungsarmee erhalten zu haben.

Für Israels Versuch, die PLO, vor allem die Fatah und die PFLP, unter Kontrolle zu bekommen, war es zweifellos günstig, dass eine neue Organisation wie die Muslimbrüder in der palästinensischen Gesellschaft mobilisierte: nicht so sehr für den Kampf gegen die Besatzung, sondern eher für die Verbreitung ihres Verständnisses vom Islam sowie für den Bau von Moscheen, in denen eben dieser Glaube gepredigt werden sollte. Auch als sich die Brüder dem Aufbau von Sozialeinrichtungen und Institutionen zuwandten, wurde dies von der Besatzung wohlwollend geduldet. Das von Scheikh Yasin 1976 gegründete »Islamische Zentrum« in Gaza erhielt im Jahre 1978 sogar eine offizielle israelische Lizenz. Dort entstanden eine Moschee, eine Poliklinik, ein Jugendsportklub, ein Kindergarten, eine Festhalle für die muslimischen Feste, ein Frauenzentrum sowie schließlich ein Almosen-Komitee zur Sammlung der Armensteuer *(zakat)* und zu ihrer Verteilung an die Bedürftigen in der Gesellschaft.[84]

Die israelische Politik gegenüber den Muslimbrüdern und der Hamas bis Mitte 1988 kann deshalb wohl am besten als eine Politik der freundlichen Duldung bezeichnet werden. Ob es dabei auch zu einzelnen Fällen der direkten Unterstützung kam, muss derzeit offenbleiben.

83 David Shipler. 1986. Arab and Jew: Wounded Spirits in a Promised Land, S. 177 sowie überarbeitete Auflage 2002, S. 156

84 Helga Baumgarten 2006. Hamas, S. 32–33. Quellen sind: Bin Yusuf 1990, S. 101–106, Abu Amr 1994, S. 16 und Mansur 2004, S. 84ff., speziell S. 92.

General Ephraim Sneh, von 1985 bis 1987 Chef der Zivilverwaltung in der West Bank, bestritt gegenüber der Autorin kategorisch, dass er in der West Bank je mit den Muslimbrüdern kooperiert habe. Wenn überhaupt, dann sei so etwas nur im Gaza-Streifen vorgekommen.[85]

Schon vor Beginn der Intifada hatte es offensichtlich in der Armee Warnungen vor der Herausbildung einer militanten islamischen Bewegung gegeben. Einige Experten meinten sogar, die Fundamentalisten stellten eine viel größere Gefahr dar als die PLO. Die Empfehlungen gingen deshalb in die Richtung, die Moscheen stärker zu überwachen, bei allen militanten Aktionen der Muslimbrüder konsequent einzugreifen, auch wenn sich diese gegen die palästinensische Linke oder gegen Fatah richteten.

Das israelische Verhältnis zu den Muslimbrüdern war also eher in sich widersprüchlich und vor allem inkonsequent. Wenn die Besatzung meinte, die Aktivitäten der MB passten in die jeweilige Linie der israelischen Politik, ließ man sie gewähren. Wenn man darin eine Gefahr vermutete, schritt man meist ein. Schließlich sollte nicht übersehen werden, dass Sheikh Yasin schon 1984 verhaftet und zu einer längeren Gefängnisstrafe verurteilt worden war. Verhaftungen von Hamas-Aktivisten seit Beginn der Intifada gab es zur Genüge. Im Unterschied zur Fatah und zu allen PLO-Organisationen instruierte die Hamas ihre Aktivisten sehr genau, wie sie sich in der Haft, bei Verhören und bei drohenden Folterungen durch die Armee verhalten sollten. Der israelische Geheimdienst hatte deshalb anscheinend große Probleme, Informationen von verhafteten Hamas-Aktivisten zu erhalten.

Diese Informationen und Analysen in ihrer Gesamtheit führen Vorstellungen seitens der palästinensischen Linken, die Muslimbrüder bzw. die Hamas seien Kollaborateure der Besatzung, ad absurdum.

Das Verhältnis Israels zur Hamas in den Jahren der Regierung

85 Interview am 7. Juli 2003.

Netanjahu, also seitdem die Hamas den Gaza-Streifen im Innern regiert, unterscheidet sich von den Vorgängerregierungen grundlegend. Ob dem Argument, dass, wenn es die Hamas nicht gäbe, Netanjahu sie hätte schaffen müssen, zu folgen ist, bezweifle ich sehr. Dies wird detailliert in den folgenden Kapiteln diskutiert.

Hamas und die VNFI im ersten Jahr der Intifada

Im ersten Jahr der Intifada verfolgten Hamas und die VNFI weitgehend dieselben Ziele und forderten die Bevölkerung zu denselben Formen von Widerstand auf. Allerdings agierten beide klar getrennt voneinander. Punktuelle Konflikte, vor allem wegen der Festlegung der Streiktage, wurden relativ schnell beigelegt und den von der Besatzungsarmee in Umlauf gebrachten gefälschten Flugblättern angelastet.

Der Verzicht von König Husain auf die Souveränität in der West Bank führte jedoch zu diametral entgegengesetzten Interpretationen und Strategien. Die PLO begrüßte den Verzicht von Husain auf die Souveränität und setzte auf eine Zweitstaatenlösung. Hamas kritisierte die Entscheidung Husains und sah darin eine Kapitulation vor der israelischen Besatzung. Dies sei lediglich ein weiterer Schritt, die palästinensische Sache zu liquidieren.[86]

Die jordanische Entscheidung führte fast direkt zur Publikation der Charta der Hamas im August 1988. Die Hamas bekennt sich darin offen zu ihren Wurzeln in der Muslimbrüderschaft, auch wenn dies schon im Flugblatt Nr. 4 vom Februar 1988 gestanden hatte. In allem bezieht sie sich auf den Islam und im Prinzip werden auch nur palästinensische Muslime angesprochen. Ziel der Hamas ist es, so die Charta, gegen den Unterdrücker Palästinas zu kämpfen und seine Bewohner zu befreien. *Jihad* wird, ganz im Gegensatz zu den Darstellungen in der westlichen Presse, sehr weit und offen definiert: »Der *Jihad* ist nicht darauf beschränkt, die

86 Flugblatt Nr. 28, vom 18. August 1988

Waffen zu tragen und den Feind zu bekämpfen. Das gute Wort, der treffliche Artikel, das nützliche Buch, die Unterstützung und Hilfe, all das gehört, sofern die Absichten rein sind ... zum *Jihad.*«

An zentraler Stelle in der Charta definiert sich die Hamas als eine palästinensische Bewegung, deren Ziel es sei, ganz Palästina zu befreien und dort einen islamischen Staat zu errichten. Dies wird sofort ergänzt mit folgendem Satz: »Unter dem Islam können die Anhänger aller Religionen in Frieden und Sicherheit leben.« Speziell aufgeführt werden neben dem Islam sowohl das Christentum als auch das Judentum. Dem widerspricht die Dämonisierung des als übermächtig wahrgenommenen Feindes, also Israel, verstanden als jüdischer Staat diametral. Hamas bedient sich dabei eines Arsenals von Stereotypen, die direkt aus dem christlich-europäischen Antisemitismus, aus dem rechtsradikalen Gedankengut Europas vom 19. Jahrhundert übernommen und an Vulgarität nicht zu übertreffen sind. Selbst die »Protokolle der Weisen von Zion« werden als historisches Dokument angeführt, Juden weltweit für alles, was die Hamas ablehnt, überhaupt für alles Übel der Welt, verantwortlich gemacht, vom Drogen- und Alkoholhandel bis hin zu den beiden Weltkriegen. Was im Antisemitismus der Hamas fehlt, ist der Rassismus des europäischen Antisemitismus. Stattdessen steht bei der Hamas das verschwörungstheoretische Element im Mittelpunkt. Hamas, wie übrigens viele Palästinenser und Araber, konnte sich den Erfolg des Zionismus bis hin zur Staatsgründung nur mit Hilfe von Verschwörungstheorien erklären. Alexander Flores betont deshalb sehr zutreffend, wie auf diesem Hintergrund »europäische Verschwörungsphantasien bei vielen Arabern (und bei der Hamas; HB) auf fruchtbaren Boden fielen«.[87]

Hier sollte noch betont werden, dass die Charta weder für Mitglieder der Hamas (niemand musste sie z. B. studieren) noch für die palästinensische Gesellschaft besondere Relevanz hatte. Sie

87 Alexander Flores 2004. Judenfeindschaft im Kontext: Antisemitismus bei den modernen Palästinensern. Unveröffentlichtes Manuskript für einen Vortrag am Berliner Zentrum für Antisemitismus-Forschung, 2000.

wird vor allem von westlichen Kritikern der Hamas als Grundlage für eine Dämonisierung der Organisation benutzt. Wegen der Charta wird die Hamas als antisemitische Organisation abgestempelt, die nur ein Ziel habe, nämlich die Zerstörung des Staates Israel.

Bis spätestens 2006 allerdings wird unübersehbar, dass für die Charta der Hamas dasselbe gilt wie für die PLO-Charta, zu der Yasir Arafat vor dem Europaparlament 1988 schlicht bemerkte, sie sei einfach überholt und gegenstandslos geworden.

Azzam Tamimi aus London, der sich als eine Art Medienberater von Hamas versteht, schreibt im Februar 2006 in der *Jerusalem Post,* die Hamas-Führung arbeite an einer Änderung der Charta. »Der ganze Unsinn über die Protokolle der Weisen von Zion und die Verschwörungstheorien, all dieser Mist muss raus. Er hätte eigentlich von Anfang an nicht auftauchen dürfen.« Es sollte allerdings noch über zehn Jahre dauern, bis im Frühjahr 2017 die neue Charta veröffentlicht wurde. Darüber mehr in Kapitel IV.

Für die zukünftige Entwicklung der Hamas ist ihre Definition von Nationalismus von zentraler Bedeutung: »Nationalismus ist im Verständnis der Islamischen Widerstandsbewegung ein untrennbarer Teil der religiösen Ideologie.«

Die PLO wird zum ersten Mal seit der Gründung der Hamas direkt erwähnt, aber wegen ihres Säkularismus kritisiert. Die Hamas erklärt ihre Bereitschaft, mit und in der PLO zu kämpfen, sobald diese den Islam akzeptiert habe.

Die Hamas und die Staatsproklamation 1988: Islamischer Staat oder Zweistaatenlösung

Für die Hamas war die Zweistaatenlösung im Sommer 1988 noch ein absolutes Tabu. Stattdessen bestand sie darauf, dass »Palästina islamisch vom Meer bis zum Fluss«, also vom Mittelmeer bis zum Jordantal sei. Nach Auffassung der Hamas wolle Israel weder Verhandlungen noch Frieden und die einzige Sprache, die es verstehe, sei die Sprache der Gewalt.[88]

Vor Beginn der Sitzung des palästinensischen Nationalrates im November 1988 in Algier forderte die Bewegung die dort versammelten Mitglieder auf, sich nicht der Täuschung über die Möglichkeit einer »provisorischen Regierung«, einer »Unabhängigkeitserklärung oder einer Regierung im Exil« hinzugeben. Dies sei einfach nur eine Falle, um die Erfolge der Intifada zu zerstören. Für den 15. November forderte die Hamas deshalb statt der von der PLO geplanten Feiern einen Tag der »Konfrontation, der Opposition und der Ablehnung des Friedens mit den Mördern«. Hamas warnte vor der Kapitulation und bestand stattdessen auf dem Bekenntnis zum bewaffneten Kampf und zur Intifada.

Yasir Arafat versuchte, über die jordanische und ägyptische Muslimbrüderschaft Einfluss auf die Hamas zu nehmen, damit diese die Beschlüsse von Algier unterstütze. Die Antwort von Scheikh Ahmad Yasin, seinem neuen Gegenspieler, war lapidar, kühl, aber auch mit einem Sinn für Pragmatismus: »Wir haben keinen Teil unseres Landes befreit, wo wir einen Staat gründen könnten. Wir sind immer noch unter der Besatzung und wir haben diese bis dato nicht beenden können. Wo sollen wir denn unseren Staat aufbauen? … Wir brauchen Land, auf dem wir in Freiheit stehen können, um unseren Staat zu etablieren ohne Vorbedingungen und ohne Konzessionen.«[89]

Für Arafat, für die PLO, für die VNFI sowie für die palästinensische Gesellschaft in den besetzten Gebieten war der 15. November 1988 mit der Staatsproklamation dagegen ein historischer Tag und sollte es, zumindest für einige Jahre, auch bleiben. Die Skepsis von Scheikh Yasin und der Hamas teilten damals nur wenige.

88 Nathan Thrall. 2017: The only language they understand – Forcing compromise in Israel and Palestine. New York.

89 Interview mit Sheikh Ahmad Yasin, zitiert nach: Ziad Abu Amr. 1994. Islamic Fundamentalism in the West Bank and Gaza: Muslim Brotherhood and Islamic Jihad. Bloomington, In: Indiana Univ. Press, S. 72

Letztendlich aber setzte sich das rigorose Nein der Besatzungsmacht Israel zu jedem Kompromiss mit der zur friedlichen Koexistenz bereiten PLO durch.

Die letzten Jahre der Intifada

In der ersten Jahreshälfte 1990 geriet die Intifada in eine Sackgasse. Der Soziologe Salim Tamari zeigt, wie der alltägliche Widerstand zur Routine geworden war. Und er arbeitet die Grenzen von Massenstreik und Demonstrationen heraus. Weder, so argumentiert er, können sie zu »einer Kampagne des totalen bürgerlichen Ungehorsams ausgeweitet werden und damit zu einer totalen Abkoppelung von der israelischen Besatzung, noch können sie zu einer politischen Initiative führen, die Israel zwingen würde, eine für die Palästinenser positive Verhandlungsposition zu akzeptieren.«[90]

Aber weder Fatah noch Hamas noch die linksnationalistischen Organisationen diskutierten die Grenzen des Massenaufstandes kritisch. Sie fragten nicht, welche Rolle die israelische Armee dabei spielte und suchten nicht nach alternativen Handlungsmöglichkeiten zur Weiterentwicklung der Intifada. Stattdessen gaben sowohl Fatah als Hamas nach und nach ihre Versuche der Massenmobilisierung auf. Beide optierten zunächst einmal für Aktionen des bewaffneten Widerstandes. Seitens der Fatah lief dies eher chaotisch-unorganisiert ab, degenerierte sehr schnell in gewaltsam ausgetragene Konflikte innerhalb der Gesellschaft, wobei es zu regelrechten Hinrichtungen wirklicher oder angeblicher Kollaborateure kam.

Innerhalb der Hamas war dagegen eine klare und geplante Entwicklung hin zum bewaffneten Kampf gegen die Besatzung und vor allem gegen das Militär erkennbar.

1988 war die Hamas noch eher in Messerstechereien involviert,

90 Salim Tamari 1991. The Next Phase. Problems of Transition. In: PASSIA. Palestinian Assessments of the Gulf War and its Aftermath. Jerusalem, S. 11.

bei denen fünf israelische Soldaten und ein Siedler getötet wurden. 1989 dominierten die spektakulären Entführungen und Tötungen von zwei israelischen Soldaten.

Die israelische Besatzungsmacht reagierte mit aller Härte auf diese Aktionen und erklärte die Hamas im Juni 1989 zur Terrororganisation. Allerdings wurden die Treffen von israelischen Regierungsvertretern und Militärs mit der Hamas noch bis Anfang Januar 1990 fortgesetzt. Seitdem wurden alle Kontakte mit der Hamas verboten.

Im Rückblick mutet es erstaunlich an, dass noch mitten in der Intifada, im Mai 1988, Mahmud az-Zahar von der Hamas zu einem Treffen mit Israels Außenminister Peres eingeladen wurde, bei dem sie längere politische Diskussionen führten. Im Juni 1988 kam es zu einem Gespräch mit Verteidigungsminister Rabin, an dem neben Hamas-Vertretern auch zwei Fatah-Mitglieder teilnahmen.

Ab 1990 trat an die Stelle immer neuer Verhandlungsangebote, mit denen Israel versucht hatte, die Hamas gegen die PLO auszuspielen, die direkte Konfrontation. Von nun an nahm die Hamas die Stelle Arafats und der PLO als »Terroristen« ein.

Während also nach dem Höhepunkt 1988 sowohl die lokale Fatah als auch die Hamas für den bewaffneten Kampf optierten, setzte die PLO-Führung unter Arafat in Tunis auf Verhandlungen. Die palästinensische Gesellschaft spielte dabei keine Rolle, blieb außen vor. Arafat erzielte einen ersten Erfolg, als die USA ihre Bereitschaft erklärte, mit der PLO einen Dialog aufzunehmen. Dieser wurde allerdings schon im Frühsommer 1990 abgebrochen, weil die USA die PLO für eine bewaffnete Operation der Palästinensischen Befreiungsfront verantwortlich machten. Arafat setzte seine diplomatisch-politischen Bemühungen unbeeindruckt fort, erklärte sich zum Verzicht auf bewaffneten Widerstand gegen die Besatzung bereit und scheiterte trotzdem. Es gelang ihm nicht, aus der Staatsproklamation 1988 eine politische Dynamik in Richtung einer Friedensinitiative zu schaffen. Die Politik des israelischen Premierministers Yitzhak Schamir verhinderte dies nachhaltig. »Da

Schamir seine historische Vision in Zoll misst, ist er nicht bereit, auch nur einen Zoll des Landes aufzugeben.«[91] Schamir war also zu keinerlei Kompromissen bereit, die seine Kontrolle über die besetzten Gebiete riskieren würden.

In diese Situation, in der die Palästinenser mit dem Rücken zur Wand standen, gescheitert mit der Intifada, zusehends gespalten im Innern und ohne relevante Unterstützung von außen gegen die kompromisslose israelische Politik, platzte der Zweite Golfkrieg mit Saddam Husseins Angriff auf Kuwait.

Der zweite Golf-Krieg 1990/91 – Saddam Hussein und die Palästinenser – Die Madrider Friedensverhandlungen

Ihre Machtlosigkeit angesichts der übermächtigen israelischen Besatzungsmacht ließ die Palästinenser Saddam Husseins Herausforderung der Golfstaaten und der USA begrüßen. Seine Bedingung, den Abzug der irakischen Armee aus Kuwait mit dem Abzug aller Besatzungstruppen in der Region zu koppeln, also der syrischen Armee aus dem Libanon und vor allem der israelischen Armee aus der West Bank und dem Gaza-Streifen, machten ihn, nach Jamal Abdel-Nasser, zum neuen nationalistischen Helden der palästinensischen Straße.

Arafat und die PLO waren bis Ende der 1980er-Jahre zusehends vom Irak abhängig geworden. Denn die Golfstaaten hatten ihre finanzielle Unterstützung für die PLO immer stärker reduziert und stattdessen begonnen, die Hamas intensiv zu fördern. 1990 z. B. flossen aus Kuwait nur noch 27 Millionen Dollar an die PLO, während die Hamas 60 Millionen Dollar erhielt. Weitere hohe Zuwendungen flossen auch in den folgenden Jahren aus dem Golf an die Hamas.

Ähnlich wie der jordanische König Husain, dessen Land auch ökonomisch vom Irak abhängig geworden war, hatte Arafat

91 Zitiert nach: Shlaim. 2000. The Iron Wall. Israel and the Arab World. New York/London: W. W. Norton, S. 464.

zunächst versucht, für eine politisch-diplomatische Lösung der Golfkrise zu plädieren. Nach Saddams Koppelungsinitiative jedoch bezog Arafat, gegen alle bisherigen Prinzipien der Fatah (nämlich Nichteinmischung in die inneren Angelegenheiten der arabischen Staaten), eine klare Position für Saddam.

Die Folgen für ihn selbst, für seine Fatah, für die PLO und vor allem für die halbe Million von Palästinensern in Kuwait, waren katastrophal. Fast alle Palästinenser wurden im Zusammenhang mit dem Golfkrieg aus Kuwait vertrieben, die PLO geriet in eine existenzbedrohende politische und vor allem finanzielle Krise und Arafat war als politischer Führer der Palästinenser völlig diskreditiert, sowohl in der arabischen Welt als auch international. Die palästinensische Gesellschaft in den besetzten Gebieten wiederum verlor innerhalb weniger Tage alle internationalen Sympathien, die sie durch ihren gewaltlosen Widerstand in der Intifada gewonnen hatte. Einige wenige Bilder von Palästinensern, die über die Scud-Raketen aus dem Irak jubelten, die im Januar 1991 in Israel einschlugen, reichten dafür aus.

Anders als Arafat und die PLO verurteilte die Hamas den irakischen Einmarsch und forderte den sofortigen Rückzug aus Kuwait. Gleichzeitig lehnte sie jede internationale Einmischung ab und forderte, dass der Konflikt innerarabisch zu lösen sei. Die irakischen Forderungen hinsichtlich des Grenzverlaufs und der Frage der Schulden aus dem Irankrieg (dem ersten Golfkrieg also) sollten in diesem Rahmen geprüft werden. Der Grund für diese andere Position liegt zweifellos in der finanziellen Unterstützung für die Hamas aus Kuwait. Die Präsenz des späteren Politbürochefs der Hamas, Khalid Maschaal, in Kuwait hatte diese zusehends intensive Förderung der Hamas sicher begünstigt.

Schließlich darf die damalige saudische Unterstützung für die Muslimbrüderschaft in der Region nicht übersehen werden. Andererseits teilte die Hamas durchaus die emotionalen Reaktionen der palästinensischen Gesellschaft und ihre Wahrnehmung, dass im Golfkrieg die israelische Gesellschaft von Tätern zu Opfern gemacht wurde: »Die Juden werden denselben Kelch trinken, den zu trinken sie unser Volk Tag für Tag gezwungen haben.« Eine Berechtigung für einen Angriff des Irak auf Israel sah die Hamas nur dann gegeben, wenn der Irak Opfer einer »westlichen Kreuzfahrer-Aggression geworden sei.«

Finanziell wurde die Hamas zum großen Gewinner des Golfkrieges. Die PLO erhielt keine weiteren Zahlungen aus dem Golf, während von nun an alle Gelder an die Hamas flossen.

Nicht zuletzt auf dieser Basis forderte die Hamas noch vor Beginn der Golfkrise, in den palästinensischen Nationalrat mit 40 bis 50 % der Stimmen aufgenommen zu werden. Die PLO lehnte dies kategorisch ab. Bis dato ist dieses Problem, trotz immer neuer Anläufe über viele Jahre hin, nicht gelöst.

Seit dieser Zeit hat die PLO einen religiös-nationalistischen Herausforderer, der ihren Anspruch auf Alleinvertretung der Palästinenser und ihr Recht, strategische Entscheidungen für die Nationalbewegung zu treffen, in Frage stellt. Die Krise, in die Arafat die Palästinenser durch seine verfehlte Irak-Politik geführt hatte, wurde damit weiter verschärft.

Im Spannungsfeld zwischen Verhandlungen zur Beendigung der Besatzung und dem bewaffneten Widerstand dominierte 1991 bis 1993 der Widerstand. Grund dafür war die Gewaltspirale in den besetzten Gebieten. Während 1991 knapp 100 Palästinenser von der Besatzung getötet wurden, waren es 1992 schon 160. Mehr als 10.000 Palästinenser wurden in israelischen Gefängnissen festgehalten.

Die Hamas griff, wie schon seit 1988, vor allem Soldaten und Siedler an und weitere Soldaten wurden entführt. Die Entführung von Nissim Toledano im Dezember 1992 führte schließlich zum großen Eklat. Die Hamas versuchte damit, die Freilassung von Scheikh Ahmad Yasin zu erzwingen. Rabin, inzwischen Premierminister, lehnte das Ultimatum ab. Toledano wurde daraufhin getötet. Israel reagierte mit der Verhaftung von mehr als tausend Hamas-Mitgliedern und -Anhängern. Entscheidend sollte jedoch sein, dass die Regierung beschloss, über 400 Hamas-Aktivisten in den Libanon zu deportieren. Dass der Libanon dies nicht akzeptierte, steht auf einem anderen Blatt. Die Deportierten blieben deshalb in einer Art Niemandsland zwischen Israel und dem Libanon hängen. Die VNFI reagierte mit einem Flugblatt, gemeinsam mit der Hamas verfasst und unterzeichnet. Man wollte die Rückkehr der Gefangenen notfalls auf dem Weg der Gewalt durchsetzen.

Die PLO-Führung in Tunis rief die palästinensische Verhandlungsdelegation aus Washington zurück und setzte alle Verhandlungen bis zur Heimkehr der Deportierten aus. Auf den Beschluss des UN-Sicherheitsrates vom Dezember 1992, der die sofortige Rückkehr der Deportierten forderte, reagierte Israel nicht. Erst im Rahmen der Osloer Verhandlungen war Israel zu Zugeständnissen bereit. Die Hälfte der Deportierten durfte im September 1993 zurück nach Palästina, der Rest kehrte im Dezember 1993 zurück.

Die Konferenz von Madrid

Im Oktober 1991 wurde die dreitägige Madrider Konferenz eröffnet, an der alle Akteure des »Nahost-Konfliktes« teilnahmen: Syrien, Jordanien, der Libanon, Israel und die Palästinenser. Die Palästinenser wurden dort nicht mehr von der PLO und Yasir Arafat vertreten, der nach dem Irak-Krieg persona non grata geworden war. An der Stelle der PLO kamen palästinensische Akademiker, Experten und Geschäftsleute nach Madrid, nicht in einer unabhängigen palästinensischen Delegation, sondern als Teil der jordanischen Delegation. Chef der palästinensischen Verhandlungsgruppe war Haidar Abdesch-Schafi aus Gaza. Nach Beendigung der Konferenz von Madrid wurden die Verhandlungen in Washington weitergeführt.

Die israelische Regierung unter Schamir verhandelte dabei lediglich über eine klar begrenzte Selbstverwaltung der Palästinenser. Sie war nie bereit, über das Ende der Besatzung, über palästinensische Unabhängigkeit oder gar über einen souveränen palästinensischen Staat zu verhandeln. Auch ein Stopp der kolonialistischen Siedlungspolitik wurde abgelehnt. Stattdessen wurden noch während der Verhandlungen die Siedlungen ausgedehnt. Selbst die Amerikaner meinten gegenüber der palästinensischen Delegation, sie hätten keinen »Zauberstab«, um »die Siedlungen zu stoppen«.[92] Die palästinensische Delegation aus den besetzten Gebieten wollte deshalb ihre Teilnahme an den Verhandlungen suspendieren. Die PLO-Führung lehnte dies ab. Wie wir heute wissen, war dies eine Vorbedingung Israels gewesen, um überhaupt die geheimen Osloer Verhandlungen aufzunehmen. Trotzdem sah Haidar Abdesch-Schafi nach der zehnten Washingtoner Verhandlungsrunde nur noch den Ausweg, die Arabische Liga mit der Vertretung der Palästinenser zu beauftragen.

Arafat war diesem Weg mit geheimen Verhandlungen in Oslo zuvorgekommen. Diese wurden im August 1993 erfolgreich abgeschlossen und führten zur Unterzeichnung der Prinzipienerklärung im Weißen Haus in Washington. Alle Verträge inklusive des Verhandlungsprozesses seit 1993 wurden nach den Geheimverhandlungen von Oslo benannt, da der entscheidende Durchbruch für ein Abkommen dort erzielt worden war.

Die Osloer Verträge

Die PLO unter der Führung von Yasir Arafat und seiner Fatah konnte sich mit der Unterzeichnung der Prinzipienerklärung im Garten des Weißen Hauses in Washington am 13. September 1993 aus ihrer weitgehend selbstverschuldeten Paria-Rolle befreien. Arafat wurde nach Washington eingeladen und die PLO wurde von Israel als legitime Vertretung der Palästinenser anerkannt. Im Gegenzug bestätigte die PLO den Staat Israel und sein Recht, in Frieden und Sicherheit zu existieren. Hier liegt das Grundproblem

92 Rashid Khalidi 2013. Brokers of Deceit. How the US has undermined Peace in the Middle East. Boston: Beacon Press, S. 42

der gesamten Serie der Osloer Verträge und letztendlich auch der Grund ihres Scheiterns als Friedensvertrag.

Die Anerkennung des palästinensischen Rechtes auf Selbstbestimmung fehlt ebenso wie die Anerkennung der Realisierung dieses Rechtes in einem eigenen Staat. Auch den Verweis darauf, dass die Palästinenser, nicht weniger als Israel, das Recht haben sollten, in Frieden und Sicherheit zu existieren, sucht man vergeblich.

Nirgendwo wird ein palästinensischer Staat auch nur erwähnt. Ebenso fehlt jeder Hinweis darauf, dass Israel die widerrechtliche Besatzung über die Palästinenser beenden werde oder zu Ende führen wolle. In den Verträgen ist nur die Rede von Truppenverschiebungen und Neuaufstellung der Armee. Ein Truppenabzug wird ausschließlich für den Gaza-Streifen und für Jericho angekündigt. Wie wir aus der Rückschau wissen, zog Ariel Scharon die Armee erst 2005 – also zwölf Jahre später – aus Gaza ab, zusammen mit den wenigen Siedlungen, die es dort gab.

Die Palästinenser sollten laut Oslo nur eine Interim-Selbstregierungsautorität etablieren dürfen. Ihnen wurde das Recht auf freie Wahlen zugestanden, um ihre legitimen Rechte zu realisieren. Am Ende der Interimsperiode von fünf Jahren war eine permanente Lösung in Aussicht gestellt. Wie diese permanente Lösung aussehen und worin die legitimen Rechte der Palästinenser bestehen sollten, darüber ist in den Osloer Verträgen nichts zu finden.

Zwei weitere zentrale Probleme zeichnen sich ab, wenn der Text der Verträge unter die Lupe genommen wird.

*) Im Brief Yasir Arafats an Yitzhak Rabin, der ein integraler Bestandteil der Prinzipienerklärung wurde, versprach die PLO, auf Gewalt zu verzichten. Gleichzeitig erklärte sie sich aber auch bereit, als Polizeitruppe im Dienste Israels für die Sicherheit ihrer Besatzungsmacht zu agieren: »Die PLO gibt den Terrorismus und andere Akte der Gewalt auf und übernimmt Verantwortung über alle Elemente und Personen in der PLO, um zu gewährleisten, dass sich diese an (die eingegangenen Verpflichtungen der PLO) halten, um jede Verletzung dieser Abmachungen zu verhindern,

und zur Disziplinierung aller, die dem zuwiderhandeln.«[93] Dieser Passus sollte in den folgenden Jahren zur schwersten Hypothek für die PLO werden als Resultat der darauf aufbauenden Sicherheitskooperation zwischen den palästinensischen und den israelischen Geheimdiensten, eine Kooperation, die bis dato aufrechterhalten wird.

*) Der Bau israelischer Siedlungen in den besetzten Gebieten, in klarer Verletzung internationalen Rechtes, ging über die gesamten Jahre der Osloer Verhandlungen weiter. Er wurde sogar massiv ausgeweitet. Die Osloer Verträge erwähnen die Siedlungen lediglich als eines der fünf Konfliktfelder, die in den Verhandlungen über eine endgültige Lösung des Konfliktes auf den Tisch kommen sollen (neben Jerusalem, den Flüchtlingen, den Sicherheitsabmachungen und den Grenzen). Diese Verhandlungen wurden von Israel jedoch nie auch nur ernsthaft aufgenommen. Und nirgendwo in den Vertragstexten ist die Rede von einem Siedlungsstopp, davon, dass die Siedlungen nach internationalem Recht illegal sind, und in welche Richtung die Lösung dieser Kernfragen überhaupt gehen sollte. Sollte der Ostteil Jerusalems zur palästinensischen Hauptstadt werden, wie die Palästinenser dies forderten? Würden die Siedlungen abgezogen? Gab es Vorschläge für die Rückkehr der palästinensischen Flüchtlinge? Wo sollten die Grenzen zwischen Israel und einem potenziellen palästinensischen Staat verlaufen? Die Verträge sparen all diese zentralen Probleme vollständig aus.

Schließlich gab es keinerlei Mechanismus, wie die Umsetzung der Vereinbarungen garantiert werden sollte. Keiner externen Macht, ob den USA oder der UNO, wurde die Verantwortung übergeben, beide Seiten zur Einhaltung der getroffenen Abmachungen zu verpflichten.

Edward Said urteilte deshalb, dass die PLO »die erste nationale Befreiungsbewegung in der Geschichte sei, die ein Abkommen

93 Siehe Baumgarten 2013, S. 111. Vollständiger Text des Briefes wie die gesamte Prinzipienerklärung in *Journal of Palestine* Studies 23.1, Autumn 1993, S. 115.

unterzeichnet habe, mit dem das Besatzungsregime an der Macht bleibt«.[94]

Meist wird übersehen, wohl auch von Edward Said selbst, dass die Hamas eine fast identische Kritik an Oslo vorbrachte. Aus israelischer Haft schrieb Scheikh Ahmad Yasin: »Wir sind tief bestürzt … über die Schande der Kapitulation, … die eine Gruppe aus unserem eigenen Volk zu verantworten hat. Sie haben in einem Abkommen den Staat Israel anerkannt, der uns besetzt hält, und damit unser gesamtes Land … aufgegeben.«

In der Jerusalemer Tageszeitung *al-Quds* erschien eine offizielle Hamas-Erklärung mit einer prinzipiellen Ablehnung der Prinzipienerklärung, »weil diese gefährliche Zugeständnisse gemacht und damit alle grundlegenden nationalen und legalen Prinzipien aufgegeben habe. Diese Erklärung hat damit alle roten Linien, die der Palästinensische Nationalrat gesetzt hat, überschritten.«

Die Hamas erwartete von Oslo lediglich eine »begrenzte und fragmentierte Selbstverwaltung in Gaza und in Jericho … (und damit) die Aufgabe unserer historischen Rechte auf palästinensisches Land«.

Aus der Diaspora meldete sich schließlich Muhammad Nazzal, der Hamas-Vertreter in Jordanien, zu Wort. Die Hamas habe prinzipiell nichts gegen eine Etappen-Lösung. Die Jerusalem-Frage dürfe aber nicht übergangen oder einfach aufgeschoben werden. Vor allem aber müsse es klare Garantien geben für einen israelischen Rückzug aus den besetzten Gebieten und für die Etablierung eines palästinensischen Staates.

Mit Ausnahme der Fatah, der Palästinensischen Volkspartei (ehemalige Kommunistische Partei) und der Fida (Abspaltung von der DFLP, damals angeführt von Yasir Abed Rabbo) teilten alle palästinensischen Organisationen diese Kritik durch Edward Said und durch die Hamas. Sie warfen Arafat vor, er sei weit hinter die Beschlüsse des PNC von 1988 zurückgefallen und habe

94 Edward Said 1995. Symbol versus Substance: A Year after the Declaration of Principles, in: *Journal of Palestine Studies* 24.2, S. 62.

selbst die palästinensischen Minimalforderungen aufgegeben. Sie teilten das Entsetzen von Edward Said, dass Arafat sowohl die Besatzung als auch die israelischen Siedlungen akzeptiert habe und dass ein unabhängiger palästinensischer Staat, das historische Ziel des palästinensischen Widerstandes, in den Verträgen noch nicht einmal erwähnt sei.

Ungeachtet dieser Kritik hatte die PLO mit ihrer Unterschrift in Washington einen Prozess in Gang gesetzt, der sich unerbittlich auf Kosten der Palästinenser entfalten sollte. Israel Schahak von der Internationalen Liga für Menschenrechte berichtet, er habe gehört, wie Außenminister Shimon Peres flapsig zu einem Mitarbeiter bemerkte, diesmal habe man die Palästinenser so richtig über den Tisch gezogen.

Zunächst aber dominierten eher positive Erwartungen sowohl in der palästinensischen und der israelischen Gesellschaft als auch in der internationalen Gemeinschaft. Die Bevölkerung der besetzten Gebiete klammerte sich aus Enttäuschung über das Scheitern der mit großen Erwartungen überfrachteten Intifada an die Prinzipienerklärung wie an einen Strohhalm der Hoffnung. Sie lasen in ihr, durchaus analog zur internationalen Gemeinschaft, einen Fahrplan zur Beendigung der Besatzung sowie zu einem Stopp und Abbau der jüdischen Siedlungen. Vor allem aber erwarteten sie die Etablierung eines unabhängigen, freien und souveränen palästinensischen Staates in den von der Besatzung und den Siedlungen geräumten Gebieten, also Ost-Jerusalem, West Bank und Gaza-Streifen. Schließlich rechneten alle mit einem palästinensisch-israelischen Friedensvertrag nach Abschluss der fünfjährigen Übergangsfrist.

Der Osloer Verhandlungsprozess – Von der Prinzipienerklärung 1993 bis Camp David II 2000

Das Massaker in Hebron – Hamas und die Selbstmordattentate

Am 25. Februar 1994 drang der israelische Siedler Baruch Goldstein in die Ibrahim-Moschee in Hebron ein, erschoss 29 betende Palästinenser und verwundete 125. Sein Ziel war es, den Osloer Prozess zu stoppen, ehe er überhaupt angefangen hatte. Dies gelang ihm zweifellos, wie aus der Rückschau erkennbar. Die Regierung Rabin und Rabin selbst waren nicht bereit, die Konfrontation mit den Siedlern aufzunehmen. Rabin, der zunächst entschlossen gewesen war, die Siedler aus Hebron und aus Kiryat Arba bei Hebron zurückzuziehen, nahm auf dringende Empfehlung seiner Berater sehr schnell Abstand davon. Aber auch Yasir Arafat, der auf das Massaker mit einem Abbruch der Verhandlungen reagiert hatte, änderte seine Meinung, obwohl die Siedler nicht, wie ursprünglich gefordert, abgezogen wurden. Arafat hielt letztendlich bis zum bitteren Ende der Camp-David-II-Verhandlungen am Osloer Prozess fest.

Rabin schließlich, der den Konflikt mit den Siedlern vermeiden wollte, wurde am 4. November 1994 in Tel Aviv von einem Gegner des Oslo-Abkommens ermordet. Yigal Amir, ein junger extremistischer religiöser Nationalist, war ein fanatischer Befürworter des Baus und der Expansion von Siedlungen. Den Entschluss zum Attentat auf Rabin hatte er wohl direkt nach dem Goldstein-Massaker gefasst.

Die Hamas reagierte auf das Massaker von Hebron mit einer Serie von Selbstmordattentaten in israelischen Städten unter israelischen Zivilisten. Matti Steinberg betont, dass sich in den Schriften der Hamas »ein klar artikuliertes Verbot finde, schutzlosen Menschen wahllos Schaden und Leid zuzufügen«. Nach seiner Interpretation habe »das Massaker in der Moschee dieses Tabu ausgesetzt«. An seine Stelle sei ein »Auge um Auge, Zahn um Zahn« getreten.[95] Schon vor dem ersten Selbstmordattentat und auch in den darauffolgenden Monaten forderte die Hamas Israel immer wieder auf, die Siedlungen zu räumen. Sobald dies geschehen sei, würden die Selbstmordattentate gestoppt.

Aus der israelischen Haft ist von Scheikh Ahmad Yasin zu hören: »Wir lehnen Gewalt gegen Zivilisten ab … Ihr bzw. die israelische Armee lasst uns aber keine Alternative … Wenn Israel aufhört, palästinensische Zivilisten zu töten, werden auch wir aufhören, israelische Zivilisten mitten in Israel zu töten.«[96]

Die Welt reagierte mit berechtigter moralischer Empörung und verurteilte die von der Hamas verübten Verbrechen. Dies blieb allerdings grundsätzlich einseitig, da der Gewaltkontext in den besetzten Gebieten und in Israel, die kontinuierlich ausgeübte Gewalt gegen Palästinenser durch die Armee und die Siedler systematisch ausgeklammert blieben.

Eine adäquate Interpretation der von Hamas ausgehenden Gewalt erfordert zwingend die Analyse des Gewaltkontextes, in dem sie operieren. Ähnlich argumentieren Ehud Sprinzak und François Burgat: »Gewalt von unten wird oft provoziert durch Gewalt von oben (und wenn nicht Gewalt, dann mindestens Unterdrückung und Willkür).«[97] Sprinzak führt außerdem historische Präzedenzfälle an, die zeigen, dass Gewalt auch konstruktive Folgen haben und zur Lösung von Konflikten führen könne.

Festzuhalten bleibt, dass Gewalt gegen Zivilisten, egal ob von Befreiungsorganisationen oder von Besatzungsregimen ausgeübt, gegen internationales Recht verstößt. Der Schutz von Zivilisten muss immer oberstes Gebot bleiben. Wenn es um Israel/Palästina geht, kritisieren, verurteilen und sanktionieren die Eliten in Deutschland und Österreich jedoch einseitig *nur* die Gewalt der

95 Interview Zertal/Eldar mit Matti Steinberg am 14. April 2004. Zitiert nach Zertal/Eldar 2007, S. 122–123.

96 Zitiert nach Baumgarten. 2006. Hamas. Der Politische Islam in Palästina, S. 115

97 Sprinzak 1999 und Burgat. 2003. Vgl. auch Zertal/Eldar 2007.

Palästinenser, während die unvergleichlich größere Gewalt seitens der Besatzung, der vor allem palästinensische Zivilisten zum Opfer fallen, ausgeklammert oder stillschweigend übergangen wird.

So wurde die Hamas zu Terroristen abgestempelt, während Fatah, zum ersten Mal auf der Seite der israelischen Regierung, als Kämpfer für den Frieden erschien. Im Interesse des Friedens, so hieß es, wurde der Einsatz von Gewalt von oben, sei es durch Israel oder durch die Palästinensische Autorität in Ramallah (PA), also die *sulta*,[98] gerechtfertigt.

Erst die Freilassung von Scheikh Ahmad Yasin aus israelischer Haft führte zum Stopp aller Selbstmordattentate der Hamas im Oktober 1997. Ein israelischer Giftanschlag gegen Khaled Maschaal, Hamas-Führer in Jordanien, war von Augenzeugen beobachtet worden und Maschaal konnte rechtzeitig ins Krankenhaus gebracht werden. Jordaniens König Husain übte massiven Druck auf die Regierung Netanjahu aus, um das notwendige Gegengift zu erhalten. Maschaal wurde gerettet und im Gegenzug für die Rückführung der israelischen Geheimagenten nach Israel musste Netanjahu Scheikh Yasin freilassen.[99]

Siedlungserweiterung und Siedlerkolonialismus in den Osloer Jahren

Ein Siedler aus Kiryat Arba, eingewandert aus den USA, hatte den Osloer Prozess im Grunde genommen schon fünf Monate nach seinem Beginn nachhaltig untergraben. Die Siedlerbewegung betrachtete Oslo als den Anfang vom Ende des zionistischen Projekts sowie des jüdischen Staates und bekämpfte es auf allen Ebenen. Rabin, der die Siedler zwar persönlich gehasst und verabscheut hat,

98 In den Osloer Verträgen ist von der »Palestinian Authority« die Rede. Im palästinensischen Sprachgebrauch wird dagegen *sulta,* also »die Herrschaft« verwendet. Im Folgenden schließe ich mich dem an und werde *sulta* verwenden.

99 Eine detaillierte Beschreibung mit vollständiger Dokumentation findet sich in Paul McGeough 2009. Kill Khaled. The Failed Mossad Assassination of Khalid Mishal and the Rise of Hamas. New York and London: The New Press: 196–214.

schreckte immer und grundsätzlich vor einer Konfrontation mit ihnen zurück. Er wollte die Osloer Verhandlungen voranbringen, ohne eine einzige Siedlung zu räumen oder aufzugeben. Im Ergebnis konnte die Zahl der Siedler in der West Bank und in Jerusalem von 115.000 im Jahre 1993, zu Beginn Oslos, auf knapp 200.000 im Jahre 2000 ansteigen, fast eine Verdoppelung also. In *Haaretz* ist zu lesen, dass die Siedler am meisten von Oslo profitiert hätten, obwohl sie zu dessen schärfsten Kritikern gehörten.

Camp David II und das Scheitern von Oslo

Entgegen dem Zeitplan der Prinzipienerklärung hatten Israel und die *sulta* auch sieben Jahre nach Beginn Oslos noch nicht einmal damit begonnen, über eine endgültige Lösung des Konfliktes zu verhandeln. Die ökonomische Situation in den palästinensischen Gebieten verschlechterte sich, und die palästinensische Gesellschaft hatte die Hoffnung auf eine politische Lösung aufgegeben. Arafat und seine Fatah verloren zusehends Unterstützung.

Ehud Barak hatte nach seinem eindrucksvollen Wahlsieg über Benjamin Netanjahu 1999 sein innenpolitisches Kapital bis zum Frühjahr 2000 fast völlig verspielt. Er verlor einen Minister nach dem anderen und immer weniger Abgeordnete unterstützten ihn in der Knesset. Seine Regierung befand sich im freien Fall.

Barak meinte deshalb, er könne sich durch einen außenpolitischen Erfolg retten, sprich ein Abkommen mit den Palästinensern schließen und den israelisch-palästinensischen Konflikt ein für alle Mal beenden. Seine Absichten trafen sich mit den Plänen von US-Präsident Bill Clinton. Dieser wollte seine Amtszeit mit einer Lösung des Jahrhundertkonfliktes und einem israelisch-palästinensischen Friedensvertrag krönen.

Barak reiste im Juli nach Camp David und wollte mit einem fertigen Friedensvertrag nach Jerusalem zurückkehren. Seine Forderungen an die Palästinenser, sein einmaliges Angebot, als das er ihn versuchte zu verkaufen, wurden nie schriftlich festgehalten.

Inhaltlich ist nur dies bekannt: Die Palästinenser müssen (»dürfen«) die israelische Souveränität über Jerusalem, inklusive der Altstadt und des Haram al-Scharif, anerkennen, ebenso wie die Souveränität Israels über die große Mehrheit der Siedlungen – es war von 80 % die Rede. Das Jordantal sollte für weitere zwölf Jahre unter israelischer Kontrolle bleiben. Die Grenzen von 1967 sollten durch eine Annexion von etwa 10 % der West Bank nach Osten verschoben werden. In einer gemeinsamen Erklärung schließlich durften die Palästinenser, zusammen mit Israel, die Beendigung des Konfliktes offiziell deklarieren.[100]

Dem Diktat Baraks, denn nichts anderes verbarg sich hinter dem »großzügigen Angebot« des israelischen Premiers, hielt Arafat die palästinensischen Forderungen entgegen. Dabei zeichnete er klar die roten Linien der Palästinenser auf: eine territoriale Lösung auf der Basis der Grenzen von 1967 (vor dem Juni-Krieg), palästinensische Souveränität über Ost-Jerusalem, eine prinzipielle Anerkennung des Rückkehrrechtes der palästinensischen Flüchtlinge auf der Basis der UN-Resolution 194 vom Dezember 1948, Beendigung der Besatzung und Etablierung eines palästinensischen Staates.

Barak war nach Camp David ohne Plan B gefahren. Seinem Berater Yossi Beilin hatte er auf dessen kritische Rückfragen lapidar geantwortet: »Entweder erhalten wir ein Abkommen … oder aber wir reißen Arafat die Maske vom Gesicht. Dann müssen wir uns auf eine Konfrontation mit den Palästinensern vorbereiten.«

In diesem politisch-diplomatischen Pokerspiel unterstützte Bill Clinton Barak und drohte Arafat sehr direkt: »Wenn die Israelis Kompromisse machen können (er verriet Arafat nie, von welchen Kompromissen er sprach), Sie aber nicht, dann sollten Sie nach Hause gehen. … Ein Scheitern bedeutet das Ende des Friedensprozesses. Dann soll eben die Hölle ausbrechen und wir müssen mit

100 Swisher, Clayton. 2004. The Truth about Camp David: The Untold Story of the Collapse of the Middle East Peace Process. New York: Nation Books, S. 295.

den Folgen leben.«[101] Camp David scheiterte, musste auf diesem Hintergrund scheitern.

Vier Ergebnisse sind festzuhalten.

1.) Zum ersten Mal in der Periode der Osloer Verhandlungen hielt Arafat dem israelisch-amerikanischen Druck stand und beharrte auf den palästinensischen Forderungen.

2.) Ehud Barak war mit seinem Verhandlungspoker gescheitert und konnte seine innenpolitischen Probleme auch in Camp David nicht lösen.

3.) In einer in der Geschichte wohl einzigartigen Desinformationskampagne verbreitete Barak, unterstützt von Clinton, die »Legende von Camp David«. Danach habe Barak den Palästinensern das beste Angebot gemacht, das sie je von einem israelischen Premier bekommen hätten. Israel wolle den Frieden. Arafat dagegen sei dazu nicht in der Lage.

4.) Barak und Clinton starteten einen rücksichtslosen Prozess der Delegitimierung Arafats, der seinen Höhepunkt unter dem Nachfolger Clintons, Präsident George W. Bush, und Baraks Nachfolger Ariel Scharon zwischen 2002 und 2004 erreichen sollte.

Knapp zwei Monate nach dem Ende von Camp David begann die zweite Intifada. Barak führte die Verhandlungen mit den Palästinensern nur noch halbherzig weiter. Die Verhandlungen von Taba brach er wegen der bevorstehenden Neuwahlen ab, obwohl sie kurz vor einem möglichen Durchbruch angekommen waren. Scharon gewann die Wahlen im Februar 2001 und löste Barak ab. Der militärische Feldzug gegen die Intifada und gegen Arafat im Besonderen, den Barak begonnen hatte, wurde von Scharon intensiviert, verschärft und weitergeführt.

Mit seinem Widerstand gegen das Diktat Baraks in Camp David hatte Arafat die Unterstützung durch die palästinensische Gesellschaft zurückgewonnen. Allerdings musste er, so die Interpretation von Rashid Khalidi, die Verweigerung der Rolle, die ihm

101 Swisher 2004, S. 326

in Oslo durch Israel zugeschrieben worden war, teuer bezahlen, letzten Endes mit seinem Leben.[102]

Die Zweite Intifada und das Ende von Oslo

Auslöser für die Zweite Intifada war Ariel Scharon, im September 2000 noch Oppositionschef in der Knesset. Am 28. September zog er, begleitet von etwa 1000 Grenzpolizisten und Sicherheitsleuten auf den Haram asch-Scharif, um dort die Lage zu inspizieren. Dieser nur halbstündige »Gang« durch den Haram bildete für die Palästinenser in Jerusalem eine weitere Provokation in der nicht abreißenden Kette von Provokationen in Jerusalems Altstadt und in den islamischen Heiligtümern. Dennoch war die palästinensische Reaktion verhalten. Die Demonstrationen hatten sich bis zum Nachmittag aufgelöst. Am Tag darauf, einem Freitag, pilgerten Tausende von Palästinensern zum Freitagsgebet in den Haram, um zu demonstrieren, dass der Haram den Palästinensern gehörte. Nach dem Ende des Gebetes, als die Massen aus dem Haram strömten, stießen sie dort mit der aufmarschierten Grenzpolizei zusammen, die mit scharfer Munition auf die Menschen schoss. Vier Palästinenser wurden getötet, über 200 verletzt, 14 israelische Polizisten wurden durch Steinwürfe verletzt. Die Armee schlug die sich daran anschließenden Demonstrationen brutal nieder, es gab weitere 15 Tote, darunter vier Kinder.

Menahem Klein berichtet von der Vorbereitung taktischer Einsatzpläne der israelischen Armee gegen eine mögliche neue Intifada und ihrer Genehmigung durch Barak Mitte 2000 (zwischen Mai und September). »Dazu gehörte der massive Einsatz von Heckenschützen durch die Armee, der in den ersten Tagen der Intifada zu den vielen palästinensischen Toten und Verwundeten führte.« Er schloss daraus, »dass diese hohen palästinensischen Verluste dazu führten, dass aus einem einzigen gewaltsamen Zusammenstoß im

102 Khalidi. 2013. Brokers of Deceit, S. 63.

Haram asch-Scharif nach Scharons Besuch eine nationale Intifada entstand.«[103]

Akiva Eldar kam in seinen Forschungen zur Intifada zu dem Schluss, dass die Rolle der Armee und der israelischen Sicherheitsorgane bei der Entwicklung und vor allem bei der Intensivierung der Intifada eine zentrale gewesen war.[104]

Es scheint von daher schlüssig, dass erst das gewaltsame Einschreiten der israelischen Polizei und Armee die zweite Intifada provozierte und den militärischen Charakter der Intifada vorgab. Den Palästinensern gelang es nicht wie in der ersten Intifada, diesen militärischen Angriffen einen gewaltlosen Massenaufstand entgegenzusetzen, auch wenn in den ersten Monaten der Intifada immer neue Versuche in dieser Richtung unternommen wurden.

Die Hamas war weder an den Demonstrationen noch an irgendwelchen Aktionen dieser zweiten Intifada beteiligt.

Angesichts der extremen Machtasymmetrie und der Aussichtslosigkeit, mit gewaltlosem Widerstand die Besatzung zu beenden, entstand erneut eine Atmosphäre, in der die Bevölkerung den bewaffneten Widerstand inklusive Selbstmordattentate unterstützte.

Die Hamas und die Zweite Intifada

Direkt nach dem Scheitern des Gipfels von Camp David II bot Scheikh Ahmad Yasin, wie schon 1993 und 1997, Israel einen Waffenstillstand an, im Gegenzug für einen Abzug der Armee aus den besetzten Gebieten. Wie schon damals blieb auch 2000 eine israelische Reaktion aus und Yasin zog daraus die für ihn einzig adäquate Lehre aus Camp David und aus der israelischen Politik eines gewaltbestimmten Siedlerkolonialismus und ethnischer Säuberungen: »Die einzige Lösung, die uns bleibt, ist der Widerstand. Nur mit Gewalt werden wir unsere Rechte durchsetzen können.«[105]

103 Interview von Clayton Swisher mit Menahem Klein, in: Swisher. 2004, S. 387.

104 Zitiert bei Clayton Swisher. 2004, S. 387.

105 Persönliches Interview mit Sheikh Ahmad Yasin am 5. August 2003 in Gaza.

Der Intifada schloss sich die Hamas im März 2001 an. Bis dahin hatte sie am 1997 einseitig proklamierten Waffenstillstand festgehalten. Noch 1999 in einem Interview mit *Yediot Aharonot* betonte der Scheikh: »Wir greifen keine Zivilisten an, solange Israel keine palästinensischen Zivilisten tötet.«[106]

Bis Mitte Februar 2001 hatte die israelische Armee 365 Palästinenser getötet, in der überwiegenden Mehrzahl Zivilisten. Mit einer neuen militärischen Strategie hatten Armee und Geheimdienst seit November 2000 außerdem gezielt palästinensische Aktivisten getötet. Amnesty International sprach von »außergerichtlichen Tötungen« (extrajudicial killings), während Israel den Begriff »targeted killings«, also »gezielte Tötungen«, benutzte. Dieser letzte Terminus setzte sich in der internationalen Presseberichterstattung durch.

Die eskalierende Gewalt der israelischen Armee gegen die Palästinenser in den ersten fünf Monaten der zweiten Intifada brachte die Hamas dazu, in die Kämpfe gegen die Besatzung einzugreifen. Die Ablösung Baraks durch Ariel Scharon, den die Palästinenser für die Massaker von Sabra und Schatila 1982 verantwortlich machten, bestärkte sie darin.

Scharon führte die israelische Besatzungspolitik, basierend auf Siedlerkolonialismus und ethnischen Säuberungen, bruchlos fort – mit forcierter Siedlungsexpansion, immer neuen Häuserzerstörungen, Intensivierung der Abriegelungspolitik, massiver Anwendung von Gewalt gegen Demonstranten und schließlich »gezielten Tötungen«, also Hinrichtungen. Baruch Kimmerling prägte im Kontext der zweiten Intifada den Begriff »Politizid«. Danach ist Politizid eine Politik, die »mit umfassenden gesellschaftlichen, politischen und militärischen Aktivitäten die politische und nationale Existenz einer ganzen Volksgemeinschaft zerstören will und damit deren Selbstbestimmung verweigert«.[107]

106 Zitiert nach Khaled Hroub. 2004. A ›New Hamas‹ through its New Documents, JPS 34.4, S. 36.

107 Baruch Kimmerling. 2003. Politizid. Ariel Sharons Krieg gegen das palästinensische Volk, München, S. 7.

Scharons Politizid traf eine Gesellschaft, die in den Jahren des Osloer Verhandlungsprozesses eine für sie verheerende Entwicklung durchlaufen hatte. Israel hatte in diesem Zeitraum 420.000 Dunum (1 Dunum entspricht ca. 1000 Quadratmeter) Land enteignet, die Zahl der Siedler hatte sich fast verdoppelt, der Lebensstandard war kontinuierlich gesunken, die Armutsquote lag inzwischen bei 35 bis 40 %, die Arbeitslosenquote in der West Bank stieg von knapp 10 % auf 22 % 2001 und auf 31 % 2003. In Gaza lag sie noch wesentlich höher, 17 % 1999 und 34 % 2001. Vor diesem Hintergrund gab es kaum noch Zukunftsperspektiven für die Menschen unter der Besatzung. Das Scheitern von Camp David und der Amtsantritt von Ariel Scharon verschärften die Situation.

Die palästinensische Gesellschaft hatte keine Hoffnung mehr auf eine politische Lösung durch den Osloer Prozess. Die Unterstützung dafür ging von 75 % 1996 auf 39 % im Dezember 2000 zurück. Gleichzeitig schnellte die Unterstützung für bewaffnete Angriffe gegen Israel, auch Selbstmordattentate, von nur 29 % im März 1999 auf 70 % im Dezember 2000 und 80 % im April 2001, nach dem Amtsantritt Scharons, hoch.[108]

Die israelischen Angriffe gegen die palästinensische Zivilbevölkerung bildeten den Auslöser, dass die Hamas eine neue Serie von Selbstmordattentaten verübte. Dass diese Gewaltserie sich in den 1990er-Jahren als eine verhängnisvolle Strategie erwiesen hatte, klammerte die Hamas-Führung aus, ebenso wie den moralischen und juristischen Aspekt illegaler Angriffe auf unbeteiligte Zivilisten.

Zwischen Frühjahr 2001 und Juni 2003 verübte die Hamas 36 Selbstmordattentate. Dabei wurden 220 Menschen getötet, zahllose weitere erlitten zum Teil schwere Verletzungen. 453 Palästinenser wurden im zweiten Jahr der Intifada, also 2001, getötet, 2002 stieg die Zahl der Opfer auf 1000 Menschen an, darunter allein 150 Kinder und Jugendliche.

108 Die Umfrageergebnisse basieren auf den palästinensischen Meinungsforschungsinstituten JMCC und PRS und sind auf deren Webseiten einzusehen.

Diese entsetzliche Bilanz zeichnet die Blutspur eines gescheiterten Friedensprozesses, der letztendlich von Anfang an kein Friedensprozess gewesen war, sondern schlicht die israelische Macht über die Palästinenser in neuer Form zementiert hatte.

Die Leidtragenden waren vor allem die Palästinenser. Die israelische Gesellschaft machte allein die Palästinenser für die vielen Toten in Israel während der zweiten Intifada verantwortlich und stempelte sie wieder einmal pauschal als Terroristen ab. Nur eine kleine Minderheit sah, wie die israelische Besatzungspolitik seit 1967 mit ihrer Ablehnung eines jeden Kompromisses, gerade auch im Osloer Verhandlungsprozess, eben dahin geführt hatte.

Ende Juni 2003 einigten sich alle palästinensischen Organisationen inklusive der Hamas auf ein Waffenstillstandsangebot an Israel. Als Reaktion reduzierte die Armee ihre Gewalt vor allem gegen palästinensische Zivilisten. An ihre Stelle traten jedoch regelrechte Verhaftungswellen. Ihre »Strategie« der »gezielten Tötungen« behielt die israelische Armee bei, grundsätzlich bis zu Redaktionsschluss dieses Buches im Sommer 2021.

Am 22. März 2004 wurde Scheikh Yasin aus der Luft hingerichtet. Ein israelischer Hubschrauber feuerte drei Hellfire-Raketen auf den Scheikh. Neun weitere Menschen, Zivilisten, fielen dem Angriff zum Opfer, darunter zwei von Yasins Söhnen. Nur einen Monat später, am 17. April, wurde auch sein Nachfolger Abdel Aziz Rantisi ermordet, ebenfalls durch einen Luftangriff. Dabei gab es zwei weitere Tote und mindestens zehn unbeteiligte Personen wurden verletzt.

Zerstörungspolitik der israelischen Armee in der zweiten Intifada sowie Liquidierung der historischen Führung der Nationalbewegung: Scheikh Ahmad Yasin und Yasir Arafat

Im groß angelegten Angriff der israelischen Armee auf die besetzten Gebiete, also West Bank und Gaza-Streifen, zuerst unter Ehud Barak, danach in einer beispiellosen Eskalation unter seinem

Nachfolger Ariel Scharon, wurde wahllos alles, was der Armee in den Weg kam, zerstört, so der Eindruck auch für unbeteiligte Beobachter. Die Armee schien einmarschiert zu sein, um zu zerstören, zu zerschlagen, zu vandalisieren, wo immer das möglich war. Palästinenser konnten nur noch mit Entsetzen beobachten, wie alles um sie herum in Grund und Boden gebombt wurde.

Alle Einrichtungen der palästinensischen »Regierung«, der *sulta* in Ramallah und Gaza, wurden bombardiert und zerstört, die Amtssitze von Arafat, die palästinensischen Gefängnisse, alle Einrichtungen der Sicherheitsorgane, der neue Flughafen in Gaza etc. Die Palästinenser warteten auf den letzten Angriff, durch den Arafat, der Gründer und Führer der palästinensischen Nationalbewegung nach der *nakba*, getötet würde. Internationaler Druck sowie die vielen Aktivisten der internationalen Solidaritätsbewegung, die nach Ramallah gekommen waren, um sich zusammen mit Arafat gegen die Zerstörungskampagne der israelischen Armee zu stellen, verhinderten dies wohl.

Aber das Ende von Arafat war vorgezeichnet. US-Präsident George W. Bush griff direkt in die palästinensische Politik ein und forderte von den Palästinensern die Suche nach einer neuen Führung: »Ich rufe das palästinensische Volk auf, neue Führer zu wählen, die nicht durch Terror kompromittiert sind … Ein palästinensischer Staat wird nicht durch Terror geschaffen.«[109]

Schließlich wollte Bush zusammen mit der EU und arabischen Staaten den Palästinensern Demokratie beibringen: »Die USA … werden mit der palästinensischen Führung zusammenarbeiten, um einen neuen konstitutionellen Rahmen und eine funktionierende Demokratie für das palästinensische Volk zu schaffen.« Er vergaß hinzuzufügen: bei Aufrechterhaltung – nicht zuletzt durch die USA – der israelischen Besatzung, des Siedlerkolonialismus und der ethnischen Säuberungen, kurz des israelischen Apartheidregimes.

109 Rede des US-Präsidenten George W. Bush vom 24. Juni 2002, siehe Baumgarten. 2013. Kampf um Palästina – Was wollen Hamas und Fatah? Freiburg: Herder, S. 137–138.

Im Sommer 2004 erkrankte Arafat. Als sich sein Zustand verschlechterte, wurde er per Hubschrauber nach Amman und von dort mit dem Flugzeug zur Behandlung nach Paris geflogen. Dort starb er am 11. November an den Folgen einer Krankheit, die nie, so die behandelnden Ärzte, eindeutig diagnostiziert werden konnte. Nicht nur viele Palästinenser gehen von einer Vergiftung aus – wohl einer Polonium-Vergiftung.

Resümee

Die erste Intifada als erster Massenaufstand der Palästinenser gegen die Besatzung demonstrierte die Bereitschaft der gesamten Gesellschaft, Widerstand gegen die Unterdrückung zu leisten. Immer wieder erhoben sich die Palästinenser auch in den folgenden Jahrzehnten, zuletzt im Sommer 2021, gegen Siedlerkolonialismus und ethnische Säuberungen.

Während die erste Intifada fast durchgängig gewaltlos geführt wurde, dominierte in der zweiten Intifada ein mit Waffengewalt geführter Widerstand, darunter auch die Selbstmordattentate, die vor allem durch die Hamas verübt wurden.

Weder der gewaltlose Widerstand noch der bewaffnete Widerstand konnten die israelische Besatzung und das von ihr aufrechterhaltene System des Siedlerkolonialismus überwinden und beenden.

In der ersten Intifada kämpfte eine neue palästinensische Bewegung, die Hamas. Sie wurde zur wichtigsten und stärksten Opposition gegen die von Arafats Fatah angeführte PLO.

Nach dem Scheitern der Madrider und Washingtoner Friedensverhandlungen ließ sich Arafat auf die Osloer Verhandlungen ein. Oslo ermöglichte Arafat und der PLO, den Paria-Status wegen der Verbrüderung mit Saddam Hussein hinter sich zu lassen und zum Friedenspolitiker zu mutieren. Außerdem konnte die PLO, wegen des Golfkriegs in einer massiven finanziellen Krise, mit ihrem gesamten Apparat, wie er sich zuerst in Beirut und seit

1982 in Tunis herausgebildet hatte, in die besetzten Gebiete, also in palästinensische Gebiete, zurückkommen.

In den besetzten Gebieten stießen damit Diaspora-Führung und interne Führung direkt aufeinander. Die PLO aus der Diaspora erhob ihren absoluten Führungsanspruch über die Politiker und Militanten, die unter der Besatzung aktiv geworden und sich in der Intifada zur VNFI organisiert hatten. Damit trafen zwei Systeme aufeinander, ein neopatriarchalisches System, angeführt von Arafat als neopatrimonialem Führer von außen, und ein eher basisdemokratisches System, angeführt von Haidar Abdesch-Schafi in Gaza, Faisal al-Husseini in Jerusalem und Abdel-Jawad Saleh, durchaus auch Marwan Barghuti (trotz seiner kurzen Zeit im Exil), in der West Bank.

Die in Oslo festgelegte »Sicherheitskooperation« lastet bis heute auf der palästinensischen Gesellschaft. Damit wurde die palästinensische Führung, wie im Text analysiert, zur Polizei im Dienste Israels. Joseph Massad fällt ein vernichtendes Urteil über sie. Die palästinensische Nationalbewegung habe als antikoloniale Bewegung begonnen, ihre Gründer seien aber durch die israelische Kooptierung zu Kollaborateuren in der Form der *sulta* in Ramallah bzw. Gaza geworden.

Arafat versuchte in Camp David II, eine Kehrtwende einzuleiten, nachdem er wohl erkannt hatte, dass die Aufnahme der Osloer Verhandlungen sein größter politischer Fehler gewesen war, der eine geradezu historische Dimension angenommen hatte. Der israelische Krieg gegen die Palästinenser seit Ende 2000, im Kontext der zweiten Intifada, verhinderte dies und führte zu seinem Tod.

Offen bleibt, welche Lehren die Palästinenser aus den Erfahrungen von 1987 mit der ersten Intifada bis zur zweiten Intifada mit ihrem bewaffneten Widerstand, der den Tod der beiden historischen palästinensischen Führer verursacht hatte, gezogen haben bzw. ziehen können.

Offen bleibt auch die Frage, wie die israelische Besatzung, wie Siedlerkolonialismus und das System der ethnischen Säuberungen, kurz, wie der Apartheidstaat überwunden werden können. Auch heute stellt sich diese Frage den Aktivisten von Scheikh Jarrah und Silwan, von Beita bei Nablus über das Jordantal bis zu den Bergen von Hebron, ebenso wie der Führung der Hamas und des islamischen Jihad in Gaza. Was kann der Druck der Straße erreichen? Welche Ergebnisse können die Raketen aus Gaza erzielen? Welcher Druck kann von außen durch die neu entstandene bzw. wiederbelebte internationale Solidaritätsbewegung ausgeübt werden?

IV. Die Wahlen 2004–2006

Reformdruck aus dem Westen

Der amerikanische Präsident George W. Bush hatte im Juni 2002 gefordert, die *sulta* (also die palästinensische »Regierung in Ramallah«) müsse grundlegend reformiert werden. Diese Reformen sollten jedoch nicht durch die Palästinenser durchgeführt werden, sondern mittels direkter Eingriffe aus dem Westen. Palästinensische Reformer begannen sich zurückzuziehen, da es nicht mehr um Palästina, sondern um die Ziele der westlichen Akteure ging. Diese beschlossen, dass Arafats Stellvertreter Mahmud Abbas der beste Verbündete in ihrem Reformprozess sei. Auf massiven Druck von außen wurde ein neues Amt in das palästinensische politische System eingeführt, das Amt des Premierministers. Im März 2003 wurde Arafat gezwungen, Mahmud Abbas als ersten Premier zu akzeptieren. Dessen Aufgabe sollte es sein, die Machtstellung des Präsidenten zu untergraben, um die Exekutivgewalt in der Hand des Premiers zu konzentrieren. Der Eklat zwischen Arafat, dem Symbol des palästinensischen Nationalismus, und Abbas, zeitlebens ein Mann der zweiten Reihe, ohne jegliches Charisma, ohne jede – bis dahin – erkennbare politische und persönliche Stärke und Durchsetzungskraft, war damit vorprogrammiert. Abbas erklärte schließlich im September 2002 seinen Rücktritt. Das neugeschaffene Amt des Premiers blieb jedoch erhalten. An die Stelle von Abbas trat Ahmad Quraia, ein enger Arafat-Verbündeter.

Das Eingreifen des Westens, vor allem der USA und der EU, sollte die Entwicklungen in den besetzten palästinensischen Gebieten ab 2003/2004 entscheidend bestimmen, immer vor dem Hintergrund der andauernden israelischen Besatzung und der kontinuierlich expandierenden kolonialistischen Siedlungen.

Lokalwahlen 2004–2005

Die Rede von Präsident Bush hatte die Zeichen auf Reformen und Wahlen gesetzt.

Zunächst wurden in mehreren Runden Lokalwahlen abgehalten, angefangen im Dezember 2004/Januar 2005, einer zweiten Runde im Mai 2005, einer dritten im September 2005 sowie einer letzten Runde im Dezember 2005, direkt vor den für den Januar 2006 geplanten Parlamentswahlen.

Arafat hatte jahrelang versucht, Lokalwahlen zu vermeiden. Er hatte befürchtet, dass die Hamas ein sehr gutes Ergebnis einfahren könnte; selbst einen Wahlsieg hielt er nicht für ausgeschlossen. Seine Berater versuchten ihn umzustimmen, indem sie ihm vorschlugen, mehrere Wahlrunden abzuhalten. In der ersten, wie sie meinten entscheidenden Runde, sollten Wahlen nur in für die Fatah sicheren Ortschaften stattfinden. Arafats Tod verhinderte es, dass er in dieser Auseinandersetzung noch eine Rolle spielte.

Wie von Arafat erwartet, fuhr die Hamas einen überlegenen Wahlsieg ein. In den wichtigsten palästinensischen Städten stellten sie die Bürgermeister und kontrollierten die Gemeinderäte teils alleine, teils in einer Koalition mit der PFLP oder mit unabhängigen Nationalisten. Innerhalb kürzester Zeit konnte die Hamas zudem alle – nicht zuletzt ihre Gegner – von ihrer ausgezeichneten Arbeit auf der Ebene der Lokalverwaltung überzeugen. »Die Stadtverwaltungen der Hamas funktionieren sehr gut, die Arbeitsethik hat sich dramatisch verbessert, Bürgermeister sprechen die Bürger an und kümmern sich um deren Belange und Sorgen.« Ein europäischer Diplomat ergänzte dieses positive Bild: »Sie arbeiten hart … sie gehen sehr sorgfältig und sparsam mit dem Geld um. Sie versuchen, Recht und Ordnung durchzusetzen. Und sie versuchen, effiziente Dienstleistungen anzubieten.«[110]

110 Beide Interviews im ICG-Bericht Nr. 49: Enter Hamas: The Challenges of Political Integration. ICG 2006, S. 11.

Wahlen zum Präsidenten im Januar 2005

Der Tod Arafats machte, mitten in der Periode der Lokalwahlen, Neuwahlen für das Amt des Präsidenten notwendig. Die Hamas beschloss, keinen eigenen Kandidaten aufzustellen. Sie wollte sich auf die Lokalwahlen und danach vor allem auf die Parlamentswahlen konzentrieren. Mahmud Abbas galt als Wunschkandidat der USA und nach vielen internen Querelen stellte ihn die Fatah als ihren Kandidaten auf, obwohl sein Gegenspieler Marwan Barghuti im Gegensatz zu Abbas große Unterstützung in der palästinensischen Gesellschaft hatte und laut Umfragen im Dezember 2004 Chancen gehabt hätte, Abbas zu schlagen. Aber Barghuti saß seit 2002 in israelischer Haft, zu mehreren lebenslangen Haftstrafen verurteilt. Die Fatah-Führung übte schließlich massiven Druck auf die Anhänger von Barghuti aus, sodass dieser seine Kandidatur zurückzog. Die Wahlen vom 9. Januar 2005 gewann Abbas wie erwartet mit fast 63 % der Stimmen gegen Mustafa Barghuti, einem landesweit bekannten linken Aktivisten aus der Szene der Nichtregierungsorganisationen, der überraschend 20 % aller Stimmen erhielt.

Parlamentswahlen im Januar 2006

1996, als die ersten Parlamentswahlen während des Osloer Prozesses in den besetzten Gebieten abgehalten wurden, hatte die Hamas sich gegen eine Beteiligung entschieden. Ihr Argument war damals, dass sie Oslo nicht legitimieren wolle. Nach dem von Scharon angeordneten Wiedereinmarsch der israelischen Armee in die palästinensischen Städte, also die A-Gebiete des Osloer Systems, die unter ausschließlicher Kontrolle der Palästinenser stehen sollten, waren die Osloer Verträge obsolet geworden. Israel hatte außerdem den Friedensfahrplan des Quartetts in der Praxis nie anerkannt. Damit fiel für die Hamas das Argument gegen eine Beteiligung an den Wahlen weg. Außerdem hatte sich die innenpolitische Situation entscheidend zu ihren Gunsten verändert.

Schließlich war sie als Resultat ihrer internen Struktur in der Lage, selbst die Verluste historischer Führer wie Scheikh Ahmad Yasin und Abdelaziz Rantisi zu verkraften. Neue Führungskräfte rückten stets fast bruchlos nach.

Die Fatah dagegen war durch den Tod ihres Gründers und dominanten Führers Yasir Arafat in eine tiefe Krise geraten. Mahmud Abbas galt vielen als idealer Konsens- und Übergangskandidat. Gleichzeitig hofften viele Aspiranten auf die Fatah- und PLO-Führung, dass sie ihre Position im Nachfolgekampf um das Erbe Arafats in den Parlamentswahlen verbessern könnten. In diesen Wahlen wurde deshalb ein erbitterter Machtkampf ausgetragen, der die interne Fragmentierung verschärfte. Die Bewegung drohte auseinanderzubrechen.

Die Parlamentswahlen boten sowohl Mahmud Abbas als auch der Hamas die Möglichkeit, sich durch die palästinensische Gesellschaft demokratisch legitimieren zu lassen. Abbas hatte zwar erste Legitimität in den Präsidentschaftswahlen erhalten, viel davon aber in den Lokalwahlen wieder verloren. Er brauchte dringend einen Erfolg.

Die Hamas wiederum hatte durch ihre Arbeit an der Basis Rückhalt in der Bevölkerung gewonnen. Nach den Erfolgen in den Lokalwahlen hoffte sie auf ein gutes Abschneiden bei den Parlamentswahlen. Sie wollte damit den entscheidenden Schritt von einer politisch exklusiven Bewegung mit ausschließlich religiös ausgerichteter Mitgliederbasis hin zu einer eher inklusiven Partei mit dem Anspruch auf eine breite nationale Basis gehen. Und sie wollte sich als demokratische Bewegung legitimieren lassen, um aktiv am politischen Leben teilnehmen zu können.

Zwischen Dezember 2004 und Januar 2006 entwickelte sich die Hamas zu einer perfekt funktionierenden Wahlkampfmaschine. Ihre Aktivisten arbeiteten mit den neuesten Techniken und verfügten offensichtlich über das professionellste und taktisch klügste Wahlkampfteam in den palästinensischen Gebieten. Hamas-Kandidaten traten überall mit ihren grünen Basketballmützen auf. Hamas-Banderolen, -Plakate und -Symbole beherrschten das Bild der palästinensischen Städte. Fernsehsendungen und Radioprogramme wurden von Hamas-Kandidaten dominiert. Junge Wahlhelferinnen riefen von morgens bis abends Bürger an, um sie von der Notwendigkeit der Wahlbeteiligung zu überzeugen. Noch am Wahltag selbst wurden SMS-Nachrichten verschickt mit der Frage, ob man schon gewählt habe.

Im Vergleich dazu wirkte der Wahlkampf der Fatah dilettantisch. Vor allem aber bot die Fatah ein zerstrittenes Bild. Fatah-Kandidaten bekämpften sich zum Teil unerbittlicher als ihren eigentlichen Herausforderer Hamas. Da die Loyalität der Fatah-Wähler prinzipiell einzelnen Fatah-Führern galt, zersplitterte dies die insgesamt für die Fatah abgegebenen Stimmen.

Umfragen rechneten dennoch mit einem Erfolg der Fatah von 50 % gegenüber etwa 32 % für die Hamas. Die große Überraschung kam am Tag nach den Wahlen. Von den 132 Sitzen im Legislativrat erhielt die Hamas 74 und besaß damit die absolute Mehrheit im Parlament. Die Fatah brachte es nur auf 45 Abgeordnete. Die meisten Stimmen hatte die Hamas auf den Listen der lokalen Direktkandidaten erhalten, nicht auf der nationalen Liste. Eben diese Ergebnisse konnten die Meinungsforscher nur sehr schwer abschätzen und vor den Wahlen hatten sie auch dezidiert auf dieses Problem hingewiesen.

Eine ganze Reihe von Gründen führte dazu, dass die Palästinenser sich in den Wahlen für die Hamas entschieden:

*) Kritik an der Korruption der Fatah und der *sulta*

*) die Politik der Kompromisse der Fatah, die viele als Politik des nationalen Ausverkaufs kritisierten

*) Einschätzung der Hamas als Symbol für den Widerstand gegen die israelische Besatzungsherrschaft

*) Vertrauen in die Hamas auf der Basis ihrer erfolgreichen Arbeit im Sozial- und Bildungssektor

*) die überzeugende Leistung der neugewählten Bürgermeister im ganzen Land seit den Lokalwahlen.

Der Meinungsforscher und Politologe Khalil Shikaki brachte es auf den Punkt: Der in sich zusammenbrechende Friedensprozess und die Ablehnung der Korruption aus der Gesellschaft gaben der Hamas einen Vorsprung gegenüber der Fatah, die Zerstrittenheit der Fatah verwandelte diesen Vorsprung in einen Sieg.[111]

Palästina nach den Wahlen 2006/2007

Die Rolle des Quartetts

Die USA und die Europäische Union hatten die Palästinenser gedrängt, Wahlen abzuhalten und sich dabei selbst über den Widerstand der israelischen Regierung hinweggesetzt … was sehr selten passiert. Nach den Wahlen erfolgte noch ein kurzer Glückwunsch an das palästinensische Volk zu der erfolgreichen Abhaltung freier und demokratischer Wahlen – dass die Wahlen frei waren, hatten zuvor alle Wahlbeobachter-Teams bestätigt, nicht zuletzt das Carter-Zentrum und eine europäische Mission. Da die Wahlen jedoch nicht vom Wunschkandidaten des Quartetts gewonnen worden waren, folgte eine ultimativ vorgetragene Bedingung an den ungeliebten Wahlsieger: »Das Quartett vertritt die Auffassung, dass sich alle Mitglieder der künftigen palästinensischen Regierung zur Gewaltlosigkeit, zur Anerkennung Israels und zur Akzeptanz der früheren Vereinbarungen und Verpflichtungen … bekennen müssen.«[112]

Seitens der Hamas war ein klarer Konsens in sämtlichen Verlautbarungen nach den Wahlen erkennbar:

*) Weiterführung des Waffenstillstandes, den die Hamas erfolgreich eingehalten hatte – also auf gut Deutsch: Verzicht auf Gewalt.

*) Akzeptanz einer Zweistaatenlösung mit Schwerpunkt Beendigung der Besatzung und Errichtung eines palästinensischen

111 PSR Umfrage vom 25. Januar 2006 mit Bewertung durch Shikaki.

112 Vereinte Nationen. Generalsekretär SG (2104, PAL/2042: Erklärung des Nahostquartetts. Vgl. Baumgarten. 2013, S. 154f.

Staates in eben diesen Gebieten, ohne die ausdrückliche Erwähnung der damit implizierten Anerkennung Israels – schließlich hat auch die Fatah Israel nie explizit anerkannt. Diese Anerkennung hatte lediglich die PLO 1993 ausgesprochen.

*) Anerkennung abgeschlossener internationaler Verträge, lediglich mit der Einschränkung, dass diese im Interesse des palästinensischen Volkes sein sollten.[113]

Für versierte Diplomaten hätte damit eine Grundlage vorhanden sein sollen, um die Integration der Hamas in die Politik – national, regional und international – weiterzuführen und erfolgreich abzuschließen. Der UN-Sondergesandte für den Nahost-Friedensprozess, Alvaro de Soto, vertrat genau diese Einschätzung in seinem vertraulichen Abschlussbericht am Ende seiner Amtszeit, der an die Öffentlichkeit gelangte: »Die Menschen haben in freien und fairen Wahlen, die von der internationalen Gemeinschaft unterstützt und gefördert waren, gesprochen und ihre Wünsche sollten respektiert werden.«[114]

Während des Treffens des Quartetts in London direkt nach den Wahlen hatte De Soto – vergeblich – alles versucht, eine »Strategie der Kooptierung« der Hamas durchzusetzen statt einer »abstrafenden« Erklärung. In der von ihm vorgeschlagenen Botschaft an die Hamas sollte vermittelt werden, »dass die internationale Gemeinschaft die Schritte anerkennt und begrüßt, die seitens der Hamas durch ihre Teilnahme an den Wahlen unternommen wurden, durch ihre Anerkennung der Wahlregularien, durch ihre prinzipielle Einhaltung der *hudna* (der Waffenruhe seit dem März 2005) und dass man … hoffe, dass weitere Schritte folgen würden, damit die internationale Gemeinschaft ihre Unterstützung für das palästinensische Volk aufrechterhalten könne.«

113 Das Quartett überging großzügig die allseits bekannte Tatsache, dass sich Israel schon lange nicht mehr an die Osloer Verträge hielt, auch nicht an den Friedensfahrplan des Quartetts.

114 Alvaro de Soto 2007. End of Mission Report. http://image.guardian.co.uk-sys-files/Guardian/documents/2007/06/12/DeSotoReport.pdf

Nach dem Wahlsieg der Hamas beauftragte Präsident Abbas, entsprechend der palästinensischen Verfassung, die Führung der erfolgreichen Hamas-Liste mit dem programmatischen Namen »Veränderung und Reform«, also Ismail Haniyeh, den ehemaligen engsten Vertrauten von Scheikh Ahmad Yasin und dessen Nachfolger, mit der Regierungsbildung.

Ziel der Hamas war es ursprünglich gewesen, eine Regierung der nationalen Einheit zu bilden. Wie wir durch den Bericht De Sotos wissen, wollten die USA dies unter allen Umständen verhindern. Sie übten massiven Druck auf alle Parteien und politischen Führer aus, damit diese sich nicht an der von Hamas angeführten Regierung beteiligten. De Soto klagt die USA unmissverständlich an: »Eine Regierung der nationalen Einheit mit einem Kompromissprogramm wäre schon kurz nach den Wahlen ... möglich gewesen, wenn die USA nicht das Quartett dazu gebracht hätte, ... eine Regierung der Nationalen Einheit prinzipiell abzulehnen.«

Haniyeh hatte also keine andere Wahl als eine Hamas-Regierung zu bilden, unterstützt von wenigen unabhängigen Technokraten. Seine Regierung übernahm die Geschäfte am 30. März 2006, nachdem sie die Vertrauensabstimmung im Parlament wie erwartet gewonnen hatte. Haniyeh musste sich einer ganzen Reihe von Herausforderungen stellen:

*) Umsetzung des Regierungsprogramms seiner Liste »Veränderung und Reform«

*) Boykott des Quartetts

*) Weigerung der Fatah, die Kontrolle über die palästinensischen Sicherheitsorgane an die Hamas zu übergeben sowie das daraus resultierende Sicherheitschaos, insbesondere im Gaza-Streifen, sowie die Provokationen von Präsident Abbas gegenüber der Hamas-Regierung, alles mit massiver Unterstützung durch die USA

*) Widerspruch in der Praxis der Hamas zwischen Regierungsverantwortung und Ideologie des Widerstandes.

Der Boykott des Quartetts führte zu einem vollständigen Stopp ökonomischer und finanzieller Unterstützung für die *sulta* unter der Regierung Haniyeh. Reformen waren unter diesen Bedingungen ausgeschlossen. Die einzigen Gelder, die noch von außen nach Palästina flossen, gingen direkt an das Präsidentenbüro von Abbas. Damit wurde nicht zuletzt die Autorität der Hamas-Regierung nachhaltig untergraben.

Der Machtkampf um die Kontrolle der Sicherheitsorgane erinnert an den Machtkampf zwischen Arafat und Abbas 2003, nur mit umgekehrten Vorzeichen. Damals hatte der Westen Abbas gestärkt, damit er die Kontrolle Arafats über die Sicherheitsorgane einschränken sollte. 2006 sollte Abbas der Regierung Haniyeh bzw. ihrem Innenminister jegliche Kontrolle über die Sicherheitsorgane vorenthalten. Die Hamas reagierte mit der Schaffung einer eigenen Sicherheitsorganisation, der »Exekutiv-Truppe«.

Entführung von Gilad Shalit: Widerspruch zwischen Regierungsverantwortung und Ideologie des Widerstandes

Am 25. Juni 2006 führten drei verschiedene bewaffnete Gruppen aus Gaza, darunter die Qassam-Brigaden, der militärische Zweig der Hamas, einen Angriff auf den israelischen Militärstützpunkt Kerem Shalom am südöstlichen Gipfel von Gaza durch. Dabei wurde der israelische Soldat Gilad Schalit gefangen genommen. Er wurde fünf Jahre lang, bis zu seinem Austausch gegen Hunderte von palästinensischen Gefangenen im Oktober 2011, in Gaza festgehalten. Alle Versuche des israelischen Geheimdienstes, der Armee im Krieg 2008/2009 und durch palästinensische Kollaborateure, herauszufinden, wo Schalit war, um ihn zu befreien, verliefen ergebnislos. Zweifellos wurde Schalit in klarer Verletzung internationaler Bestimmungen festgehalten. Er hätte zumindest Besuche des Internationalen Kreuzes erhalten müssen ebenso wie Briefkontakt mit seiner Familie. Eine Geheimhaltung seines Aufenthaltsortes wäre damit unmöglich geworden. Ein Vergleich mit den Bedingungen amerikanischer Gefangener in der Hand des Vietkong bzw. Nordvietnams in den 1960er- und 1970er-Jahren drängt sich hier auf. Im Gegensatz zu den amerikanischen Gefangenen wurde Gilad Schalit sehr gut behandelt, nie misshandelt oder gar gefoltert. Was ihm vorenthalten wurde, war der Kontakt mit seiner Familie sowie Besuche durch das Internationale Rote Kreuz, durchaus auch als eine Form der Folter zu interpretieren. Nur einige wenige Briefe, die er schrieb, erreichten seine Familie.

Geplanter Coup und Gegencoup

Die Periode zwischen Frühjahr 2006 und Frühjahr 2007 war bestimmt von einem kaum vorstellbaren Sicherheitschaos mit immer neuen bewaffneten Zusammenstößen. Der Alltag der Menschen in Gaza wurde zu einem regelrechten Albtraum. Für den US-Vertreter im Quartett schien das kein Problem zu sein: »Mir gefällt diese Gewalt …, (denn) sie zeigt, dass andere Palästinenser Widerstand leisten gegen die Hamas.«[115]

Saudi-Arabien unternahm schließlich mit dem Mekka-Abkommen vom Februar 2007 einen letzten Versuch, mit der Bildung einer Regierung der nationalen Einheit von Fatah und Hamas die verfahrene palästinensische Politik aus dem Schlamassel zu führen. Auch diese Regierung scheiterte am selben Problem wie schon zuvor die Regierung Haniyeh. Selbst nach Mekka war die Fatah nicht bereit, die Sicherheitsorgane dem neuen Innenminister, einem Unabhängigen, zu unterstellen.

Seit dem Wahlsieg der Hamas hatten die USA ihre Unterstützung für die Fatah schrittweise hochgefahren. Ab 2007 wurde sie in Richtung Vorbereitung eines Militärstreichs gegen die Hamas intensiviert. Mohammad Dahlan, der den wichtigsten palästinensischen Sicherheitsdienst, »Präventive Sicherheit« (*al-amn al-wiqa'i*) anführte, wurde damit beauftragt. Die Hamas kam ihm zuvor, indem sie die »Präventive Sicherheit«, die wie alle Sicherheitsorgane der *sulta* unter ausschließlicher Kontrolle der Fatah stand, angriff

115 De Soto 2007

und aus dem Gaza-Streifen vertrieb. In den Kämpfen zwischen dem 10. und 14. Juni 2007 wurden 161 Menschen getötet, davon 41 unbeteiligte Zivilisten (sieben davon Kinder, elf Frauen).

Mit den Kämpfen gegen die »Präventive Sicherheit« hatte die Hamas ihre eigenen roten Linien überschritten. Denn sie hatte sich selbst verpflichtet, nie andere Palästinenser oder palästinensische Organisationen anzugreifen oder deren Mitglieder zu töten. Eben dies war aber in Gaza unter Einsatz brutalster und zügelloser Gewalt geschehen.

Die angekündigte Selbstkritik der Hamas sowie die Bestrafung der Verantwortlichen für die Gewalt blieben aus. Letztlich scheint sich ein Konsens herausgebildet zu haben, dass die Hamas angesichts der Pläne der Fatah bzw. Dahlans keine Alternative gehabt habe. Außerdem wird betont, dass die Hamas ausschließlich gegen die »Präventive Sicherheit« unter der Führung des Fatah-Führers Mohammad Dahlan, nicht gegen die Fatah an sich und ihre Vertreter in Gaza, gekämpft habe.

Das einzig positive Ergebnis der Kämpfe im Juni 2007 war die Herstellung der öffentlichen Sicherheit. Die Menschen in Gaza konnten sich ohne Angst um ihr Leben wieder frei bewegen. Raji Sourani vom PCHR (Palästinensisches Zentrum für Menschenrechte) fasst zusammen: »Seit dem 15. Juni gibt es fast keine Bewaffneten mehr auf der Straße, keine Straßensperren« und ein Kollege ergänzt: »Die Hamas macht gute Arbeit in ihrem Kampf gegen die Gesetzlosigkeit. Entführungen, Verkehrsstaus, Drogen und Kämpfe zwischen Clans und Familien haben aufgehört.«[116]

Auf der Negativseite wurde die Hamas in der öffentlichen Meinung schonungslos sanktioniert: 73 % der Bevölkerung kritisierten ihren Einsatz von Gewalt und ihre Popularität brach empfindlich ein.

Entscheidend für die weitere Zukunft sollte jedoch die

116 Zitate aus ICG (International Crisis Group) 2007. After Gaza (Middle East Report 68), S. 19.

politisch-geografische Trennung der palästinensischen Politik und Gesellschaft sein, eine Trennung, die bis heute, 2021, andauert.

Seit Juni 2007 sind die besetzten Gebiete in einen von der Hamas kontrollierten Gaza-Streifen und eine von der *sulta*/Fatah kontrollierte West Bank geteilt.

Präsident Abbas entließ die Regierung Haniyeh und beauftragte Salam Fayyad mit der Bildung einer neuen. Damit verstieß er jedoch gegen das palästinensische Grundgesetz. Danach müsste die Regierung Haniyeh solange als Übergangsregierung im Amt bleiben, bis das Parlament einer neuen Regierung das Vertrauen ausgesprochen hat.

Fayyad besaß zwar das Vertrauen des Präsidenten, der USA und Europas, der Weltbank und des IWF, nicht aber das Vertrauen des palästinensischen Parlaments (das schlicht nicht mehr zu Sitzungen einberufen wurde) und der palästinensischen Gesellschaft.

Aber auch die Regierung Haniyeh hatte das Vertrauen der Gesellschaft wegen der Gewalt im Juni 2007 verloren, für die sie sich nie entschuldigte und deren Verantwortliche nie vor ein Gericht gestellt wurden.

2007 entstanden im Gaza-Streifen und in der West Bank zwei autoritäre Systeme, die bis heute das Leben der Menschen, die unter ihrer Herrschaft leben, bestimmen. Gleichzeitig unterdrückt das israelische Apartheidsystem durch Siedlerkolonialismus, ethnische Säuberungen und brutale Gewalt der Armee, immer wieder auch durch Kriege, vor allem gegen Gaza, sowohl die beiden Regierungen als auch vor allem die gesamte palästinensische Gesellschaft von der ägyptischen bis zur jordanischen Grenze.

Im Westen wird behauptet, die Trennung von West Bank und Gaza-Streifen sei das Resultat des Bruches zwischen Fatah und Hamas gewesen. Ein kurzer Blick auf die historisch-politische Entwicklung Palästinas widerlegt dies. Die erste Trennung von West Bank und Gaza war das Resultat der Staatsgründung Israels. Nach dem ersten israelisch-arabischen Krieg 1948 fiel der Gaza-Streifen an Ägypten, die West Bank an Jordanien. Die israelische

Eroberung und Besatzung beider Gebiete 1967 beendete zunächst diese Teilung und Palästinenser konnten sich von 1967 bis 1991 einigermaßen zwischen Gaza und West Bank frei bewegen. Ab 1991 schränkte Israel die Mobilität sukzessive immer stärker ein. Reisen waren nur noch mit einer Genehmigung durch das Militär möglich. In der zweiten Intifada wurde die Bewegungsfreiheit der Palästinenser weiter eingeschränkt und seit 2006/07 blieb Gaza praktisch vollständig abgeriegelt. Es war also zweifellos das israelische Besatzungsregime, das den Gaza-Streifen von der West Bank trennte.

Seit 2007 werden alle Versuche der Einigung zwischen Fatah und Hamas, zwischen West Bank und dem Gaza-Streifen, systematisch von Israel oder von den USA oder von beiden gemeinsam verhindert.

Zusammenfassung, Stand vor dem Krieg 2008/2009

Seit ihrem Krieg 2002 gegen West Bank und Gaza-Streifen führt die israelische Armee immer wieder militärische Aktionen in den palästinensischen Städten in der West Bank durch, obwohl diese laut Oslo A-Gebiete sind, in denen ausschließlich die *sulta* regiert. Inzwischen gibt es immer wieder Verhaftungen in eben diesen Städten, nicht zuletzt auch in Ramallah, in regelrechten Nacht- und Nebel-Aktionen. Jede Reise des palästinensischen Präsidenten oder der Regierungsmitglieder aus Ramallah muss von Israel genehmigt werden. Israel kontrolliert bis heute jeden Aspekt im Leben des einfachen Bürgers in der West Bank (die Rede ist hier nicht von israelischen Siedlern, die in der West Bank leben, als seien sie mitten in Israel), von der Ausstellung der Geburtsurkunde über die Ausstellung von Personalausweisen und Pässen bis hin zu Ein- und Ausreisegenehmigungen.

Dieselbe Kontrolle übt Israel auch im Gaza-Streifen aus. Aber im Unterschied zur West Bank ist der Gaza-Streifen hermetisch abgeriegelt, Ein- und Ausfuhr unterliegen strikter und oft menschenverachtender israelischer Kontrolle und Ein- und Ausreise sind fast unmöglich gemacht worden. Schließlich führt Israel in regelmäßigen Abständen Krieg gegen den Gaza-Streifen: Januar/Dezember 2008/09, 2012, 2014 und zuletzt, im Mai 2021, den brutalsten Krieg, in Gaza auch »Hochhaus-Krieg« genannt.

Die autoritäre Herrschaft von Mahmud Abbas in der West Bank

Abbas übt seine Macht von seinem Präsidentensitz in Ramallah aus. Der Legislativrat, der laut palästinensischer Verfassung die wichtigste Kontrollfunktion hat, wird nicht mehr einberufen. Selbst die Fatah ist bei Abbas weitgehend marginalisiert. In den vergangenen Jahren hat sich Abbas zudem die Judikative vollständig gefügig gemacht. Eine freie Presse existiert nicht, selbst für Facebook-Posts kann man verhaftet werden. Vor allem aber kontrolliert Abbas die palästinensischen Sicherheitsdienste und kann damit jede Opposition zum Schweigen bringen.

So selbstherrlich und autoritär er nach Innen regiert, so gefügig ist er bei Interventionen aus den USA und aus Israel. Die Sicherheitskooperation mit Israel betrachtet er als »heilig« und er lässt seine Geheimdienste die Polizeiarbeit für Israel ausüben, ohne die geringsten Bedenken zu haben. 2009, nach dem Krieg gegen Gaza, ging er soweit, die Abstimmung im Menschenrechtsrat über den Goldstone-Bericht eigenmächtig verschieben zu lassen.[117]

Nur auf massiven amerikanischen Druck hin hielt Abbas die längst überfällige sechste Fatah-Konferenz ab, nicht außerhalb Palästinas, wo viele Fatah-Mitglieder aus der Diaspora hätten teilnehmen können, sondern in Bethlehem. Im neugewählten Zentralkomitee ist die Dominanz von Sicherheitsleuten auffällig: Muhammad Dahlan (inzwischen in Ungnade gefallen, aus der

117 ICG 2009, 91,22. Zur Verschiebung der Goldstone-Debatte sind die Berichterstattung sowie die Kampagne von al-Jazeera sehr aufschlussreich.

Fatah ausgeschlossen und in den Vereinten Arabischen Emiraten in Dubai ansässig), Dschibril Radschub und Tawfiq Tirawi.

Während die Basis der Fatah an den alten Idealen der Fatah festhält, also am Selbstverständnis als nationale Befreiungsbewegung mit dem Recht auf Widerstand gegen die Besatzung, lehnt Abbas grundsätzlich jede Gewalt ab. Für ihn besteht Widerstand ausschließlich aus »Verhandlungen, Verhandlungen, Verhandlungen«.

Es erstaunt, wie es der Konferenz dennoch gelang, im verabschiedeten Programm das Recht auf »den Kampf … gegen die Besatzung …, den Kampf gegen Siedlungen, Umsiedlungen, Ausweisung und rassistische Diskriminierung … auf bewaffneten Kampf gegen eine bewaffnete Besatzung« festzuschreiben. Nach der Konferenz war das verabschiedete Programm allerdings ausschließlich auf der Webseite von Tawfiq Tirawi zu finden.

Die autoritäre Herrschaft der Hamas im Gaza-Streifen

Im Gaza-Streifen ist die Situation für die Hamas ungleich schwieriger als für die *sulta* unter der Fatah in der West Bank. Wie schon beschrieben, konnte die Hamas erfolgreich Ruhe und Ordnung wiederherstellen und bis heute aufrechterhalten – außer natürlich in Kriegszeiten, wenn Israel alles in Grund und Boden bombt, wie zuletzt im Mai 2021. Nach und nach begannen alle Institutionen wieder zu funktionieren, trotz des aus Ramallah angeordneten Boykotts dieser Institutionen durch die Fatah-Angestellten. Infolge ihrer begrenzten finanziellen Mittel musste die Hamas, verglichen mit Ramallah, mit einem ungleich schlankeren Regierungsapparat auskommen. Im Sicherheitssektor konnte die Hamas schließlich mit sehr viel weniger Polizei und Sicherheitskräften als die *sulta* in Ramallah Sicherheit für die Menschen in Gaza garantieren. Im Erziehungssektor, von Kindergärten über Schulen bis zu den Universitäten, wo international anerkannte Forschung durchgeführt werden kann, erzielte die Hamas eindrucksvolle Erfolge.

Mit ihrer neugeschaffenen »Tunnelökonomie« konnte die Hamas die Versorgung der Bevölkerung mit den wichtigsten Gebrauchsgütern garantieren: alles, was in Gaza gebraucht wurde, wurde über die Tunnel in Rafah eingeführt: Lebensmittel, lebende Tiere, Benzin, Baumaterialien, sogar neue Autos. Selbst Personenverkehr wurde über einige Tunnels abgewickelt. Durch diesen »Tunnel-Handel« erhielt die Hamas auch beträchtliche Steuereinnahmen. Besteuert wurden aber auch z. B. Zigaretten, was in der Gesellschaft sehr negativ aufgenommen wurde.

Probleme gibt es seitdem mit immer neuen Korruptionsvorwürfen gegen führende Hamas-Mitglieder. Ohne Transparenz bei den Einnahmen und Ausgaben der Regierung kann dies kaum widerlegt werden. Zur Transparenz ist die Hamas-Regierung jedoch bis dato nicht bereit. In Gaza tagt zwar das Parlament, dort werden zum Teil auch sehr kritische Diskussion geführt, allerdings ohne die Teilnahme der sechs Fatah-Abgeordneten, die das Parlament boykottieren; damit ist das Parlament letztendlich eine reine Hamas-Angelegenheit. Im Prinzip segnen die Abgeordneten alles ab, was die Regierung beschließt. Von parlamentarischer Kontrolle kann also keine Rede sein. Das autoritäre System basiert damit auf mangelnder finanzieller und ökonomischer Transparenz sowie auf dem Fehlen parlamentarischer Kontrolle.

Dazu kommt die systematische Verweigerung politischer Freiheit, zuerst und vor allem für die Fatah-Opposition. Im sozialen Alltag verhält sich die Hamas mit moralisch begründeten Verhaltensvorschriften, die vor allem Frauen adressieren, sehr repressiv. Freiheit der Presse existiert keine, die Einfuhr von Zeitungen ist untersagt. Andererseits kann das Internet nicht kontrolliert werden und die Präsenz zahlloser Satellitenfernsehprogramme ermöglicht freie Information für jeden.

Resümee

Beide Bewegungen, Fatah wie Hamas, stecken in einer Krise, nicht zuletzt einer Legitimationskrise. Spätestens seit 1987 fordert die palästinensische Gesellschaft Freiheit in einem eigenen, freien und unabhängigen Staat. Weder die Fatah noch die Hamas konnten Freiheit und einen unabhängigen Staat erkämpfen. Die in den Wahlen von 2006 versprochene Transformation hin zu einer Demokratie, wenn auch noch unter der Besatzung, blieb schon in ihren Anfängen stecken. Die Menschen in der West Bank wie in Gaza leben unter einem repressiven und menschenverachtenden Besatzungsregime, unter Siedlerkolonialismus und einer kontinuierlich durchgeführten Politik der ethnischen Säuberungen, kurz in einem Apartheidstaat. Als ob dies nicht genug sei, haben sowohl die Fatah in Ramallah als auch die Hamas in Gaza im Innern ihre je spezifische autoritäre Herrschaft errichtet.

Von Freiheit können die Menschen dort nur noch träumen

Wesentliche Unterschiede zwischen Ramallah und Gaza müssen aber betont werden. In Ramallah kooperiert Präsident Abbas kontinuierlich mit Israel und den USA, mit Ausnahme einer kurzen Unterbrechung unter der Präsidentschaft von Donald Trump in Washington.

Im Unterschied dazu bildet die Hamas die Regierung im Gaza-Streifen, der von Israel als »feindliche Entität« bezeichnet wird und deshalb durch die israelische Armee von außen vollständig abgeriegelt ist. Um eine wie immer geartete Veränderung dieses untragbaren Zustandes zu erreichen, sieht die Hamas wohl keine Alternative als den Widerstand, ob Massenwiderstand wie in den »Rückkehrmärschen seit 2018«, also den Massendemonstrationen am Stacheldraht, durch den der Gaza-Streifen von Israel abgeschnitten wird, oder im bewaffneten Widerstand durch den Beschuss Israels mit selbstgebauten Raketen.

V. Israels langer Krieg gegen Gaza: 2006–2021

Die Kriege gegen Gaza von 2006–2021: 2008, 2012, 2014, 2021

Innerhalb einer Periode von 15 Jahren überzog Israel den Gaza-Streifen gleich viermal[118] mit Krieg. Jeder Krieg war in seinen Zerstörungen verheerender und in seinen Auswirkungen auf die Menschen in Gaza katastrophaler. Mit der Bezeichnung des gesamten Gaza-Streifens als feindlicher Entität am 19. September 2007 sieht sich Israel offensichtlich berechtigt, jederzeit und nach Belieben einen Krieg vom Zaun zu brechen. Alternativ wird die Hamas als »Terrororganisation«, die diese feindliche Entität kontrolliert, für Provokationen verantwortlich gemacht, die Israel keine Alternative lassen als die »Selbstverteidigung« in Form von Krieg. Prinzipiell argumentieren die israelische Armee, die Geheimdienste und die politische Führung, dass die Hamas-Regierung und überhaupt die gesamte »terroristische Hamas« ein für alle Mal besiegt werden müssten.

Nach jedem Krieg ist zu lesen, dass die Hamas eine Lektion bekommen habe, die sie nicht so schnell vergessen würde, dass die Armee ihre Ziele erreicht und alle Stellungen der Hamas, von denen Gefahr ausgehen könnte, zerstört oder neutralisiert habe. Im Krieg vom Mai 2021 wurde als Ziel die Zerstörung der Tunnel der Hamas angegeben. In diesen Tunneln bereite die Hamas, wie zu lesen war, ihre Angriffe auf Israel vor oder, nach der alternativen Lesart, sie verstecke sich vor israelischen Angriffen. Israel habe im

118 Eigentlich fünfmal, wenn wir, wie von Sara Roy unternommen, die kontinuierlichen israelischen Angriffe von Juni bis Oktober 2006 mit einbeziehen, übrigens mit einem blumigen Namen, wie alle weiteren Angriffe gegen Gaza, nämlich »Operation Sommer-Regen«. Sara Roy. 17. Februar 2010. Gaza: Treading on Shards. *The Nation*.

Mai mehr als 100 Kilometer dieser Tunnel, die auch »Hamas-Metro« genannt werden, zerstört: »Während der Operation ›Hüter der Mauern‹ (›Guardians of the Wall‹) zerstörte Israel mehr als 1500 terroristische Ziele. Damit wurde die strategische und taktische Stärke von Hamas und dem Islamischen Dschihad schwer getroffen. Zu den Zielen … gehörte das Tunnel-System (die ›Metro‹) der Hamas in der Stadt Gaza, in Rafah und in Khan Yunis. Die IDF (Israelische Armee; HB) zerstörte mehr als 100 km von Tunneln, die die Hamas-Führung sowie terroristische Militante als Versteck, als Kommando- und Kontroll-Zentralen benutzen. Im Norden des Gaza-Streifens wurden mehrere Tunnel, aus denen Angriffe (auf Israel) durchgeführt werden sollen, ebenfalls getroffen.«[119]

15 Jahre zuvor rechtfertigte Israel seinen Krieg mit einer fast identischen Zielsetzung. Als Israel 2006 die ersten monatelangen Militärangriffe gegen Gaza flog, sollte es nur zwei Jahre dauern bis zum ersten »richtigen« oder heißen Krieg gegen Gaza 2008/2009. Dreieinhalb Jahre später, 2012, war es wieder so weit. Nach zwei kurzen Jahren führte Israel seinen bis dahin grausamsten und tödlichsten Krieg gegen Gaza, 50 Tage des Grauens für die Menschen vor Ort. Zwischen dem Krieg 2014 und dem Krieg 2021 sind gerade sieben Jahre vergangen.

Nach jedem Krieg folgt die kritische Einschätzung der Journalisten, wie zuletzt im Mai 2021 von Aluf Benn in *Haaretz*: »Operation ›Hüter der Mauern‹ in Gaza wurde zum sinnlosesten und in jeder Hinsicht gescheiterten Grenzkrieg, den Israel je geführt hat, selbst im Vergleich mit dem harten Wettbewerb aus der ›Champions League‹ … der Operationen ›Pillar of Defense‹ (Verteidigungsstütze), ›Cast Lead‹ (Gegossenes Blei) und ›Protective Edge‹ (Schutzlinie oder auch Starker Fels).«[120]

Dem schließt sich sein Kollege Zvi Bar'el an. Er verzichtet in seiner Analyse auf die Dämonisierung der Hamas als Terroristen,

119 Israeli Ministry of Foreign Affairs. 2021. Operation Guardians of the Wall. 20. Mai 2021 (mfa.gov.il).

120 *Haaretz*, 18. Mai 2021.

anerkennt vielmehr, dass die Hamas seit 2007 die Macht in Gaza ausübt, erfolgreich in vier Kriegen gegen Israel war und als einzige politisch-militärische Macht Ruhe an der Grenze zwischen Gaza und Israel garantieren kann.[121]

Die Frage drängt sich auf, warum Israel immer wieder Krieg gegen Gaza führt und was sich die israelische Politik und das Militär davon versprechen.

Benn kritisiert zuerst und vor allem die Armee: »Das Militär hat kein Rezept, wie es den bewaffneten Arm der Hamas paralysieren oder gar aus dem Gleichgewicht bringen kann. Mit der Zerstörung der Tunnel durch mächtige Bomben demonstrierte Israel seine strategischen Fähigkeiten, ohne damit die Kampffähigkeit des Gegners wesentlich zu beeinträchtigen.«[122]

Die Kritik konzentriert sich damit ausschließlich auf den militärischen Aspekt.

Yehoshafat Harkabi, früherer militärischer Abwehrchef und im Anschluss daran Professor für Internationale Beziehungen an der Hebräischen Universität in Jerusalem, kritisiert dagegen nicht das Militär, sondern vielmehr die Politik. Dafür hat er den Begriff »tacticalization of strategy«[123] geprägt. Und eben damit legt er das wesentliche Problem der israelischen Politik offen, die keine politische Strategie für Gaza entwickelt hat. An deren Stelle tritt eine fast reflexhaft wiederholte Taktik von militärischen Angriffen, besser Vernichtungsschlägen, gegen Gaza. Ähnlich, allerdings ausschließlich auf der militärischen Ebene, argumentierte wohl auch schon General Israel Tal, den Aluf Benn zitiert: »Wenn die

121 Zvi Bar'el, 24. Juni 2021, *Haaretz.* »Hamas – eine Organisation, die trotz der gegen sie erhobenen drakonischen Sanktionen in der Lage war, das Leben von über zwei Millionen Menschen in Gaza zu organisieren, die in vier Kriegen gegen Israel erfolgreich war, und die der einzige Ansprechpartner ist, wenn es darum geht, zu einem Arrangement für langfristige Ruhe an der Grenze zu kommen«. (Vergleiche auch seinen Kollegen Melman, für den militärisches Versagen im Mittelpunkt steht, und ebenso Alon Pinkas, der kritisiert, dass die Armee keine Strategie und deshalb auch kein klares Ziel habe in ihren Angriffen gegen Gaza)

122 Aluf Benn, 18. Mai 2021, *Haaretz.*

123 Vgl. dazu Alon Pinkas, 16. Mai 2021, *Haaretz.*

Strategie von der Taktik abgeleitet wird, kann man Schlachten gewinnen, den Krieg aber verliert man.«

Angewandt auf die Gaza-Kriege Israels heißt das, dass Israel keine politische Strategie für die Beziehungen zu den Palästinensern, insbesondere zur palästinensischen Gesellschaft in Gaza und der dort »regierenden« Hamas hat.

Jedem unvoreingenommenen Beobachter, insbesondere aber den Menschen in Gaza, drängt sich die Erkenntnis auf, dass es nur eine politische Lösung für die Beziehungen Israels zu den Palästinensern in der West Bank und im Gaza-Streifen gibt. Die ganze Serie von zerstörerisch-brutalen und menschenverachtenden Angriffen der israelischen Armee auf Gaza seit 2008 hat deutlich gezeigt, dass dieser Konflikt militärisch nicht beendet werden kann. Damit wird eine einfache Lösung unausweichlich, nämlich schlicht die Beendigung der Besatzung. Für Gaza hieße das in einem ersten Schritt die vollständige Aufhebung der Blockade, Bewegungsfreiheit für alle, Ende der Restriktionen für die Fischerei, also der Abbau der Besatzung über Gaza. Denn diese blieb auch nach dem Abzug von Armee und Siedlern 2005 aufrechterhalten, wenn auch in veränderter Form.

Yehoshafat Harkabi sah dies schon 1988 sehr deutlich in seinem bis heute bemerkenswerten Buch »Israel's Fateful Decisions«. Schon 1983, in einem Gespräch mit der Autorin in Jerusalem, argumentierte er für ein schnelles Abkommen und einen Friedensvertrag mit der PLO unter Yasir Arafat mit strikter Einhaltung der Grenzen von 1967. Er meinte, dass nur so die Existenz des Staates Israel auch für kommende Generationen garantiert sei.

Israel hat eine andere Politik gewählt, die Politik der kontinuierlichen Verschärfung der Besatzung und in Gaza seit 2006/2007 nur Krieg. Wie Amira Hass kann man die gesamte Periode von 2006 bis heute deshalb nur als einen ununterbrochenen langen Krieg verstehen. Dieser lange Krieg gegen die Menschen in Gaza, gegen die gesamte Gesellschaft, wurde in unregelmäßigen Abständen tage- und 2008 und vor allem 2014 wochenlang als brutaler

Vernichtungskrieg geführt, bei dem die Armee mit allen verfügbaren Waffen alles zerstörte, was ihr in den Weg kam oder was sie als »Ziele« ausgewählt hatte. Dafür entwickelte das israelische Militär die sogenannte Dahiya-Doktrin, die im Libanon-Krieg 2006 zum ersten Mal angewandt worden war. Mehr dazu auf den folgenden Seiten.[124]

Der lange Krieg gegen die palästinensische Gesellschaft in Gaza, 2007–2021: Menschen versuchen, im permanenten Kriegszustand zu überleben

Israels Blockade des Gaza-Streifens begann als direkte Reaktion auf den Wahlsieg der Hamas im Jahr 2006. Sie wurde nach der Entführung des israelischen Soldaten Gilad Schalit im Juni 2006 verschärft und bis zum Ende dieses »ersten Gaza-Krieges«, wie ihn Sara Roy bezeichnet,[125] vom Juni bis Oktober 2006 konsequent durchgehalten.

Schon als Reaktion auf den Golfkrieg 1991 und während der Zweiten Intifada hob Israel die allgemein gültige Ausreiseerlaubnis für Bewohner aus Gaza auf und begann eine neue Politik, nach der für jede Ausreise eine individuelle Genehmigung einzuholen war. Diese Politik wurde in den Jahren des Osloer Prozesses zusehends verschärft, obwohl gerade Oslo klar festgelegt hatte, dass West Bank und Gaza-Streifen eine unteilbare territoriale Einheit bildeten. 1995 schließlich baute Israel einen »Grenzzaun« rund um den Gaza-Streifen.

2005 beendete Israel seine koloniale Siedlungspolitik im Gaza-Streifen. Alle Siedler mussten zurück ins Israel von 1948 und Ariel Scharon zog die israelischen Truppen ab. Für Israel war damit die Besatzung des Gaza-Streifens beendet und aus diesem Grund, so

124 Siehe dazu Alain Gresh. 2. Februar 2009. Gaza War changes Middle East Equation at Israel's expense. *Le Monde Diplomatique*, und JPS (*Journal of Palestine Studies*) Editor: JPS XLIV no. 1, S. 5–13

125 Sara Roy. 17. Februar 2010. Gaza: Treading on Shards. *The Nation*.

das offizielle Argument, würden die internationalen Bestimmungen über militärische Besatzung nicht mehr greifen. Man sah sich deshalb u. a. nicht mehr verpflichtet, die Mobilität der Menschen aus Gaza zu garantieren.

Nach dem Scheitern der Einheitsregierung oder »Mekka«-Regierung in Gaza 2007 und der mit Gewalt durchgesetzten internen Machtübernahme durch die Hamas spitzte sich die Lage zu. Im September 2007 deklarierte die israelische Regierung Gaza als »feindliche Entität« und erneuerte und verschärfte die Blockade von 2006. Sowohl Ein- und Ausreise als vor allem auch Ein- und Ausfuhr von Gütern wurden massiv eingeschränkt. Wie alle politischen Entscheidungen zu West Bank oder Gaza wurde dies mit Sicherheitsargumenten begründet.

Bis heute sind Ein- und Ausreise beschränkt auf »außergewöhnliche humanitäre Umstände mit der Betonung auf medizinische Fälle«. Nur einige hundert Geschäftsleute erhalten relativ regelmäßig eine Reiseerlaubnis.[126]

Die Blockade bestimmt seit 2007 jeden Aspekt des Alltags der Menschen in Gaza. Wenn es zu offener Gewalt kommt, wie in den vier Kriegen zwischen 2008 und 2021, wird sie noch verschärft. Die Einfuhr von Nahrungsmitteln, Medikamenten, Benzin und Petroleum, Ersatzteilen für lebensnotwendige Infrastruktur wie Wasser und Abwasser und Dünger für die Landwirtschaft, von Artikeln des täglichen Gebrauchs, angefangen von Mobiltelefonen, Papier, Klebstoff, Schuhen bis hin zu Teetassen, alles wird nur in minimalem Umfang erlaubt oder schlicht verboten.[127]

Von 2007 bis 2010 setzte die israelische Armee insbesondere der Einfuhr von Lebensmitteln enge Grenzen.[128] Damit verstieß

126 Human Rights Watch, 2. April 2017. »Unwilling or Unable. Israel Restrictions on Access to and From Gaza for Human Rights Workers«

127 Sara Roy. 1. Jan. 2009. If Gaza falls … *London Review of Books* 31–1.

128 Amira Hass. 17. Oktober 2012. *Haaretz.* »Im September 2007 beschloss das Kabinett von Premierminister Ehud Olmert eine Verschärfung der Restriktionen für die Mobilität der Menschen aus Gaza sowie für die Ein-und Ausfuhr von Gütern. Das ›Rote Linien‹-Dokument wurde etwa vier Monate später verfasst.«

Israel gegen geltendes Humanitäres Völkerrecht. Die israelische Menschenrechtsorganisation Gisha zwang das israelische Verteidigungsministerium in einem dreieinhalb Jahre dauernden Rechtsstreit, die Dokumente öffentlich zugänglich zu machen, auf deren Basis die Einfuhr von Lebensmitteln derart massiv eingeschränkt wurde.[129] Das Dokument »Nahrungsmittel-Konsum im Gaza-Streifen – Rote Linien« enthält die relevanten Details mit zum Teil absurden Bestimmungen: die Einfuhr von Zimt war erlaubt, dagegen war Koriander verboten. Nicht die Absurdität einzelner Bestimmungen, sondern das Prinzip dieses Dokuments und die darauf basierenden Einfuhrbeschränkungen sind skandalös. Das Verteidigungsministerium unternahm eine detaillierte Analyse des Nahrungsmittelverbrauchs im Gaza-Streifen und berechnete, in Kooperation mit dem Gesundheitsministerium, wieviel Nahrungsmittel nötig waren, damit keine Hungersnot ausbrechen würde.

Gisha zeigt, dass die tatsächlichen Einfuhrbeschränkungen noch wesentlich schlimmer waren als die im »Rote Linien«-Dokument angestellten Berechnungen. Danach hätten täglich 106 Lastwagen Nahrungsmittel nach Gaza bringen müssen. Im ersten Jahr der Machtübernahme von Hamas in Gaza (Juli 2007 bis Juni 2008) waren es jedoch nur 90 Lastwagen pro Tag, die Lebensmittel brachten.

Indem es den Lebensstandard in Gaza vorsätzlich reduzierte, übte das Verteidigungsministerium willkürlichen Druck auf die gesamte Bevölkerung aus. Die Armee erwartete, dass die Menschen in Gaza nun ihrerseits Druck auf die Hamas ausüben, ja sie vielleicht stürzen würden. Das Verteidigungsministerium betrachtete eine derartige Politik als legitim und begründete sie, wie üblich, mit Sicherheitsargumenten.

Gisha argumentiert dagegen, dass die Blockade internationales Recht verletze. Außerdem habe Israel von der gesamten Blockade

129 Gisha. 2012. Food Consumption in the Gaza Strip – Red Lines. Einsehbar auf der Webseite von Gisha: gisha.org

zwischen 2007 und 2010 keinerlei Nutzen gezogen, weder auf der Ebene der Politik noch auf der Ebene der Sicherheit.

Für die zwei Jahre zwischen 2010 und 2012 erlaubte Israel wieder eine relativ unbegrenzte Nahrungsmitteleinfuhr nach Gaza, anscheinend, so Gisha, ohne irgendwelche negativen militärischen oder politischen Konsequenzen.

Ab 2012 wandte Israel eine neue Politik an, die sogenannte »Separations- oder Trennungs-Politik«. Das »Rote Linie«- Dokument bildete weiterhin die Basis für die Kontrolle des Warenflusses zwischen Gaza und West Bank. Die Mobilität der Menschen wurde noch stärker eingeschränkt.

Die ökonomischen Folgeschäden für Gaza waren enorm. Aktualisierte Berichte der Weltbank zeigen auf einen Blick, wie die verschiedenen Phasen und Formen von Blockade und Trennungspolitik die wirtschaftliche Lage in Gaza zur sozioökonomischen und menschlichen Katastrophe machten. Allein die realen Wachstumsraten des Bruttoinlandsproduktes sprechen eine klare Sprache. 2006 gab es ein negatives Wachstum von 17,7 %, der Krieg 2008 reduzierte das Wachstum auf minus 8,2 %, der Krieg 2012 auf minus 8,3 %, und der Krieg 2014 schließlich auf minus 13,8 %.

Neu war das von Israel vorgebrachte Argument, dass damit das Hamas-Regime unter Druck gesetzt, während gleichzeitig die *sulta* in Ramallah gestärkt werden sollte. 2007 hatte Mahmud Abbas einen neuen Premierminister eingesetzt, Salam Fayyad, ehemaliger Weltbank-Mitarbeiter und von 1996 bis 2001 Vertreter des Internationalen Währungsfonds in Palästina. Fayyad verfolgte zwei klare Linien in seiner Zeit als Premierminister (2007–2013), zum einen seine »Sicherheitspolitik«, zum anderen seinen Reformplan für einen zukünftigen palästinensischen Staat.[130] Seine

130 Zu Fayyad Alaa Tartir. Dezember 2015. Securitised Development and Palestinian Authoritarianism under Fayyadism. Conflict, Security and Development 15:5, 479–502. Nathan Thrall. 14. Oktober 2010. Our Man in Palestine. *The New York Review of Books*. Nathan Brown. 2010. Fayyad is not the problem, but Fayyadism is not the solution to Palestine's political crisis. Carnegy Commentary.

Sicherheitspolitik basierte auf engster Kooperation mit den USA (General Dayton) sowie auf der Sicherheitskoordination mit Israel. Deren Ziel war es, wie in der Prinzipienerklärung von 1993 verlangt, jegliche Opposition gegen die Besatzung – aber inzwischen auch gegen die Regierung in Ramallah – auszuschalten. Mit seinem Reformplan wollte Fayyad die USA und Europa ebenso wie Israel überzeugen, dass die Palästinenser in der Lage waren, einen funktionierenden modernen Staat in friedlicher Koexistenz mit Israel aufzubauen. In der Realität wurde dieser Staat, noch bevor er entstanden war, zu einem brutalen Unterdrückungsinstrument. Die Wirtschaftspolitik basierte auf dem Neoliberalismus und vertrat die Interessen einer neuen Schicht von Profiteuren. Die breite Mehrheit der Bevölkerung hatte die Kosten zu tragen.

Das Gewaltmonopol, das für Fayyad zentral war, richtete sich ausschließlich nach innen gegen die palästinensische Gesellschaft. Nach außen aber wurde mit der Besatzung kooperiert. Damit aber richtete sich Fayyads »Sicherheitspolitik« diametral gegen seine eigene Reformpolitik und seinen ehrgeizigen Plan (»Die Besatzung beenden, Aufbau eines eigenen Staates«), ohne dass er sich dies eingestehen wollte.

Bis 2013 hatte Fayyad die volle Unterstützung von Präsident Abbas. Dann kam es, wohl aus ökonomischen Gründen und wahrscheinlich wegen Fayyads unerbittlichem Vorgehen gegen Korruption, zum Bruch mit Abbas. An seine Stelle trat der eher schwache Premierminister Rami Hamdallah (2013–2019).

Die vier »heißen Kriege« gegen Gaza 2008–2021

Krieg vom 27. Dezember 2008 bis 18. Januar 2009

Von Juni bis November 2008 war zwischen Gaza und Israel ein einigermaßen stabiler Waffenstillstand in Kraft, den Israel am

4. November mit einem bewaffneten Angriff auf die Hamas brach.[131] Die Hamas reagierte mit Gegengewalt und begann wieder ihre Raketen auf Israel zu schießen. Von da an dominierte die Gewalt. Am 5. November riegelte Israel den Gaza-Streifen durch eine umfassende Blockade vollständig ab. Die Bevölkerung konnte nicht mehr ausreichend mit Nahrungsmitteln versorgt werden. Die UNRWA, die für die Versorgung von 750.000 Menschen – etwa die Hälfte der Bewohner in dieser Periode – verantwortlich war, hatte schon im November drei Tage lang nicht mehr genügend Nahrungsmittel zum Verteilen und am 18. Dezember musste sie alle ihre Aktionen wegen der Blockade stoppen. Am 23. Dezember gab es noch einmal eine von Hamas initiierte Feuerpause, die wieder von Israel mit der Tötung von drei Hamas-Aktivisten gebrochen wurde. Am 27. Dezember begann schließlich der »Krieg«, wie alle »Kriege« zwischen Israel und Gaza kein Krieg zwischen zwei Staaten oder zwei etwa gleichstarken Gegnern. Kriege gegen Gaza sind vielmehr immer völlig asymmetrische Kämpfe zwischen der regionalen Großmacht Israel, die über Nuklearwaffen und vor allem über die stärkste und beste Luftwaffe in der Region verfügt, ausgestattet mit den weltweit modernsten Waffensystemen, und den palästinensischen Organisationen im Gaza-Streifen, an erster Stelle die Hamas sowie, sehr viel kleiner, der Islamische Jihad und, noch kleiner, einige linke Organisationen wie PFLP und DFLP. Alle diese Organisationen besitzen selbstgebaute sowie einige, wohl aus dem Iran eingeführte Raketen. Die Asymmetrie zeigt sich in den Folgen für die gesamte Gesellschaft sowie in der Zahl der Opfer, zuerst und vor allem unter der Zivilbevölkerung. Im Krieg 2008–2009 wurden 1400 Palästinenser getötet, mindestens 80 % davon Zivilisten. In Israel verloren drei Zivilisten und ein Soldat durch Raketenbeschuss aus Gaza ihr Leben. Bei den Kämpfen in Gaza selbst nach Beginn der Bodenoffensive der israelischen Armee starben neun Soldaten, während 240 Militante

131 Sara Roy. 1. Januar 2009. *London Review of Books*. International Crisis Group. 5. Januar 2009: Ending the War in Gaza.

der palästinensischen Organisationen, vor allem der Hamas und des Islamischen Jihad, getötet wurden. Gleich am ersten Tag der Bombardierung des Gaza-Streifens durch die israelische Luftwaffe wurden 255 palästinensische Polizisten durch Beschuss aus der Luft getötet, als sie zum Abschluss ihrer Ausbildung in einer feierlichen Zeremonie den Dienst-Eid ablegten.[132]

Israel griff Gaza aus der Luft, vom Land und vom Meer aus an. Acht Tage nach Beginn des Krieges startete die israelische Armee eine Bodenoffensive. Das Palästinensische Zentrum für Menschenrechte (PCHR), gegründet und geleitet von Raji Sourani, publizierte am 21. Oktober 2009 einen Bericht unter dem Titel: »Zivilisten als Zielscheibe« (targeted civilians).[133] Hier können nur wenige ausgewählte Punkte aufgeführt werden.

Unter den Opfern waren mehr als 300 Kinder und Jugendliche unter 18 Jahren, getötet teils zuhause, teils beim Spielen draußen, aber auch in Moscheen und in öffentlichen Gebäuden oder Schulen, wo sie Schutz gesucht hatten. 1600 Kinder wurden verwundet. 111 Frauen wurden getötet und 830 verwundet. In einer Reihe von Fällen wurden ganze Großfamilien ausgelöscht. Die Armee verschonte weder Krankenpfleger noch Ärzte, beschoss Ambulanzen oder hinderte sie daran, erste Hilfe für Verwundete zu leisten. Mehrere Journalisten wurden während ihrer Arbeit getötet oder verwundet. Schulen im gesamten Gaza-Streifen wurden bombardiert und teilweise oder ganz zerstört: UNRWA-Schulen, Privatschulen und öffentliche Schulen. Von den knapp 400 öffentlichen Schulen in Gaza wurden etwa 150 teilweise zerstört. Auch die Universitäten in Gaza wurden angegriffen. Dasselbe trifft auf fast 30 Nichtregierungsorganisationen zu.

Während des Krieges wurden über 2000 Häuser vollständig zerstört, Häuser und Wohnungen, in denen fast 20.000 Menschen

132 Dazu B'Tselem, Fatalities during Operation Cast Lead, sowie der Bericht von PCHR 2009.

133 Palestinian Centre for Human Rights, Gaza. 2009. Targeted Civilians. Herunterzuladen auf der Webseite des Zentrums: pchrgaza.org

ihr Heim hatten. Über 3000 Häuser wurden teilweise zerstört, Heim für über 32.000 Menschen. Schließlich wurden sämtliche Ministerien und Regierungsgebäude bombardiert und meist vollständig zerstört.

Während des gesamten Krieges war die Nahrungsmittelversorgung auf ein Minimum reduziert. Die UNRWA musste zweimal ihre Nahrungsversorgung unterbrechen, weil UNRWA-Mitarbeiter bei der Verteilung von Lebensmitteln unter Beschuss kamen.

Fast eine halbe Million Menschen waren gezwungen, wenigstens für einige Zeit aus ihren Wohnungen zu flüchten. Die israelische Armee rief routinemäßig – dahinter stand die Absicht, sich gegen den Vorwurf abzusichern, Zivilisten angegriffen zu haben – Bewohner an und forderte sie auf, sofort das jeweils betroffene Haus zu verlassen. Außerdem wurden Flugblätter abgeworfen, in denen stand, die Menschen sollten schnellstens ihre Wohnungen und Häuser räumen, da diese bombardiert werden sollten. Die Angst und Panik, die damit verursacht wurden, verfolgen die Menschen in Gaza bis heute. Am schlimmsten betroffen sind Kinder.

Das Maß an Gewalt bei den Angriffen der israelischen Armee – PCHR spricht von der »brutalsten … Offensive in der Geschichte der israelischen Besatzung über Gaza« – rief weltweites Entsetzen hervor. Die Annahme, dass Israel mit diesem Krieg das humanitäre Völkerrecht gebrochen, Zivilisten direkt und absichtlich angegriffen und wohl Kriegsverbrechen begangen habe, führte sehr schnell zum Ruf nach einer internationalen Untersuchungskommission.

Im April 2009 wurde deshalb eine Untersuchungskommission der Vereinten Nationen für den Gaza-Konflikt unter der Führung von Richter Richard Goldstone aus Südafrika geschaffen.[134] Israel verweigerte jede Zusammenarbeit mit der Kommission, die noch

134 Vergleiche dazu den Bericht der israelischen Menschenrechtsorganisation B'Tselem vom Februar 2009: Guidelines for Israel's Investigation into Operation Cast Lead, herunterzuladen von der Webseite von B'Tselem. Eine weitere Menschenrechtsorganisation aus Gaza, al-Mezan Center, hat ebenfalls Berichte zu diesem Krieg publiziert. Die Zahlen über die Opfer in Gaza sind weitestgehend identisch.

nicht einmal über Israel nach Gaza einreisen durfte, sondern den Weg über Ägypten nehmen und vom Süden her über Rafah einreisen musste.

Am 25. September legte die Kommission ihren 574-seitigen (430 Seiten ohne den Annex) Bericht der Generalversammlung der Vereinten Nationen vor.[135] Neben den Zahlen zu den Opfern des Krieges, die mit den oben zitierten Zahlen der palästinensischen Menschenrechtsorganisationen übereinstimmen, zählt der Bericht minutiös alle von Israel durchgeführten militärischen Aktionen auf und kritisiert diese auf der Basis des Humanitären Völkerrechtes. Speziell kritisiert werden die israelischen Angriffe auf Regierungsgebäude, Polizeistationen, das zentrale Gefängnis in Gaza und das Parlament. Genau wie im Bericht des Palästinensischen Zentrums für Menschenrechte (PCHR) werden die Angriffe auf die UNRWA, auf verschiedene Krankenhäuser sowie auf die Wohnungen und Häuser von einzelnen Familien, die oft ganze Familien ausradierten, angeprangert. Ein weiterer Schwerpunkt liegt auf den von Israel benutzten und verbotenen Waffen wie weißer Phosphor sowie Waffen und Munition, die verheerende Verletzungen hervorrufen. Die Angriffe und die umfassenden Zerstörungen der zivilen Infrastruktur werden in einem eigenen Kapitel untersucht, wo es um die industrielle Infrastruktur, um Nahrungsmittelproduktion, um Wasserinfrastruktur, Abwasseranlagen und schließlich Wohnhäuser geht. Während Israel immer wieder der Hamas vorwirft, sie benutze Zivilisten als menschliche Schutzschilde, zählt der Goldstone-Bericht eine Reihe von Fällen auf, in denen die israelische Armee Palästinenser als menschliche Schutzschilde während ihrer Bodeninvasion benutzte. Demgegenüber wird den palästinensischen bewaffneten Gruppen vorgeworfen,

135 Goldstone Report. 2009 (15. Sept.). Human Rights in Palestine and Other Occupied Arab Territories. Report of the United Nations Fact Finding Mission on the Gaza Conflict. Human Rights Council. 27.9.2010. Report of the International fact-finding mission to investigate violations of international law and human rights law, resulting from the Israeli attacks on the flotilla of ships carrying humanitarian assistance.

dass sie ihre Angriffe aus bewohnten Gebieten durchführten, dass sie dafür auch Moscheen benutzten und dass sich Militante zu ihrem Schutz oft in der Zivilbevölkerung versteckten.

Im Detail werden die Folgen der israelischen Blockade auf die Zivilbevölkerung, auf die zivile Infrastruktur, auf die Nahrungsmittelversorgung und nicht zuletzt auf die physische und psychische Gesundheit der Menschen in Gaza, insbesondere von Frauen, Kindern und Menschen mit Behinderungen, untersucht. Nach der Auffassung der Kommission ist Israel an die Bestimmungen der Genfer Konventionen gebunden und deshalb verpflichtet, die Versorgung der Menschen in Gaza mit Nahrungsmitteln, Medikamenten und weiteren zum Leben notwendigen Dinge uneingeschränkt zu garantieren.

Der Bericht kommt zu dem abschließenden Urteil, dass die israelische Armee immer wieder in Verletzung des Humanitären Völkerrechtes absichtlich zivile Objekte angegriffen habe. Viele Angriffe seien militärisch nicht gerechtfertigt gewesen, seien illegal und willkürlich und in keinem Verhältnis zur Gefahr durch die palästinensischen Angriffe auf Israel durchgeführt worden. Die Angriffe auf die Polizei im Gaza-Streifen mit den massiven Verlusten an Menschenleben werden ebenfalls als Verletzung des Humanitären Völkerrechtes kritisiert. Immer wieder habe die israelische Armee internationales Recht gebeugt durch willkürlich durchgeführte Angriffe und damit gleichzeitig palästinensischen Zivilisten ihr Recht auf Leben verwehrt.

Im abschließenden Teil des Berichtes werden Israel und, soweit das überhaupt in ihrer Macht liege, die Palästinenser, aufgefordert, bei Angriffen zivile Opfer zu vermeiden. Beide sollen, und implizit versteht es sich, dass Israel angesprochen wird, die verheerenden Folgen von Kriegen zu vermeiden, ebenso wie die Unterdrückung und die Entwürdigungen durch die Besatzung oder, und hier richtet sich der Bericht wieder vor allem an die Hamas, die willkürlich-unterschiedslosen Raketenangriffe auf Israel.

Entscheidend sind aber die folgenden Sätze: »Das Volk von

Palästina hat das Recht, sein eigenes politisches und wirtschaftliches System frei zu wählen, inklusive des Rechts auf Widerstand, wenn ihm das Recht auf Selbstbestimmung sowie das Recht auf Leben in seinem eigenen Staat in Frieden und Freiheit durch Gewalt verweigert wird.«

Das Recht, in Frieden und Sicherheit zu leben, muss auch das Volk von Israel haben, so der Bericht weiter, und beide Völker hätten den Anspruch auf Gerechtigkeit auf der Basis des internationalen Rechts. Abschließend betont der Bericht, dass nirgendwo eine Gleichstellung impliziert sei zwischen Israel als der Besatzungsmacht und der besetzten palästinensischen Gesellschaft und ihren Repräsentanten.

Für die UN-Mission ist der Krieg eine direkte Fortsetzung der Besatzungspolitik und der über Gaza verhängten Blockade. Hier handle es sich zweifellos um Kollektivstrafen und um Verletzungen der Menschenrechte sowie des Humanitären Völkerrechts.

Der Bericht geht davon aus, dass der Krieg auf Gaza langfristig von der israelischen Regierung geplant worden war, dass es dabei um einen Angriff auf die Menschen in Gaza in ihrer Gesamtheit und keinesfalls um direkte Selbstverteidigung gegen Raketenangriffe gegangen sei. Israel wird aufgefordert, die Grenzen nach Gaza sofort zu öffnen und volle Mobilität für die Menschen dort zu garantieren. Die palästinensischen bewaffneten Gruppen werden aufgefordert, keine Angriffe mehr gegen Zivilisten in Israel durchzuführen sowie den gefangenen Soldaten Gilad Schalit freizulassen.

Sowohl Israel als auch die Hamas werden aufgefordert, die Vorwürfe wegen Verletzung des Humanitären Völkerrechtes von ihrer jeweiligen Seite zu untersuchen. Human Rights Watch forderte in diesem Zusammenhang, dass der Sicherheitsrat die letzte Empfehlung des Berichtes aufnehmen und ein Komitee von Experten schaffen sollte, um zu kontrollieren, ob Israel und Hamas dieser Aufforderung auch nachkommen/nachgekommen sind.[136]

136 Human Rights Watch. 16. September 2009. Israel/Gaza. Implement Goldstone Recommendations on Gaza. UN Security Council should ensure justice for victims. Geneva.

Am 5. November stimmte die Generalversammlung der Vereinten Nationen über den von Goldstone vorgelegten Bericht ab. Er wurde mit großer Mehrheit angenommen, 144 Ja-Stimmen, darunter die Schweiz, 18 Nein-Stimmen, darunter (neben den USA und Israel) Deutschland, 44 Enthaltungen, darunter Österreich und fast alle europäischen Staaten, aber auch die Russische Föderation.

Der französische Journalist Alain Gresh[137] weist dezidiert auf einen wichtigen Aspekt hin, den auch die Autoren des Goldstone-Berichtes betonen. Er zitiert den ehemaligen israelischen nationalen Sicherheitsberater Giora Eiland: »Wenn ihr unsere Zivilbevölkerung attackiert, werden wir nicht proportional reagieren. Wir werden alle unsere Möglichkeiten einsetzen, um so viel Zerstörung zu verursachen, dass Ihr zweimal nachdenkt, ehe ihr uns wieder angreift.«[138] Er weist darauf hin, dass diese Taktik schon im Libanon-Krieg 2006 angewandt worden war und seitdem als Dahiya-Doktrin[139] bezeichnet wird. Nach dieser Doktrin darf bzw. soll die Armee jedes Stadtviertel und jedes Dorf dem Erdboden gleichmachen, wenn vermutet wird, dass von dort aus »Terroristen« auf Israel schießen. Eben diese Doktrin wurde auch in Gaza 2008/2009 angewandt. Sie konstituiert, wie Gresh argumentiert, ein Kriegsverbrechen. Der israelische General Gadi Eisenkot hatte schon im März 2008, Monate vor dem Beginn des Krieges gegen Gaza, angekündigt: »Was im Dahiya-Viertel in Beirut 2006 passierte, wird in jedem Dorf passieren, von dem aus auf Israel geschossen wird. Wir werden unproportionale Gewalt anwenden und großen Schaden und Zerstörung zufügen. Aus unserer Sicht sind das keine Dörfer, sondern vielmehr Militärlager. … Dies ist keine Empfehlung. Dies ist ein Plan. Und dieser Plan wurde genehmigt.«[140]

137 Alain Gresh. 2. Februar 2009. Gaza war changes Middle East equation at Israel's expense. *Le Monde Diplomatique*.

138 Zitat Eiland vom *International Herald Tribune* am 20. Januar 2009

139 Der Name Dahiya ist abgeleitet von dem Stadtviertel im Süden Beiruts, in dem die Hisbollah ihr Hauptquartier hat.

140 Zitiert nach Omar Dajani. 2010. The Importance of the Goldstone Report. Proceedings

Der Goldstone-Bericht fasst die Kritik zusammen, wenn er herausarbeitet, dass die Taktik der israelischen Armee in Gaza konsistent sei mit der militärischen Taktik, die Israel zuletzt im Libanon-Krieg 2006 angewandt habe: Damals entstand »ein Konzept, bekannt unter dem Namen Dahiya-Doktrin … Diese Doktrin beinhaltet die Anwendung nicht proportionaler Gewalt, die Verursachung von großem Schaden und Zerstörung von zivilem Eigentum und von ziviler Infrastruktur und von Leiden in der Zivilbevölkerung.«[141]

Zum Abschluss der Passage über »die Herausbildung strategischer Ziele in Israels militärischem Denken« ist im Bericht dieses verheerende Urteil zu lesen: »Die Mission muss nicht überprüfen, ob israelische militärische Verantwortliche direkt von diesen Ausführungen (also von Eisenkot, Eiland oder Siboni, siehe oben; HB) beeinflusst waren. Vielmehr ist sie auf der Basis einer Analyse der Tatsachen vor Ort in der Lage zu schließen, dass genau das, was als beste Strategie vorgegeben und angeordnet wurde, vor Ort in die Praxis umgesetzt wurde.«[142]

Zurück zum Krieg selbst und der Beendigung des Krieges. Israel erklärte am 17. Januar 2009 einen einseitigen Waffenstillstand. Die Hamas war zu einem erneuten Waffenstillstand nur unter der Bedingung bereit, dass die israelische Armee sich vollständig aus Gaza zurückziehe, dass die Blockade aufgehoben und alle Grenzübergänge geöffnet würden.

Israels Premier Ehud Olmert erklärte, Israel habe alle seine Kriegsziele erreicht und der Hamas einen schweren Schlag

of the Annual Meeting (of the American Society of International Law) vol. 104, March 24–27, S. 73–79. Quelle bei *Reuters*, 3. Oktober 2008: Israel Warns Hezbollah War Would Invite Destruction. Ausführlich Gadi Eisenkot. 2010. A Changed Threat? The Response on the Northern Arena. Military and Strategic Affairs, 2.1: June 2010, S. 29–40.

141 Vergleiche dazu auch Omar Dajani. 2010. The Importance of the Goldstone Report. Proceedings of the Annual Meeting (of the American Society of International Law) vol. 104, March 24–27, S. 73–79. Jeff Halper. 2014. Globalizing Gaza. How Israel undermines international Law through »Lawfare«. *Counterpunch*, 18. August 2014.

142 Goldstone Report, S. 253–255, vor allem Paragraphen 1194–1199.

zugefügt.[143] Vor laufenden Kameras in Israel sprach er gar von einem israelischen Sieg und lobte die Armee für ihre ausgezeichnete Leistung im Krieg.[144]

Allerdings kommt Aluf Benn von *Haaretz* nicht umhin, zwei Beobachtungen zu notieren. Zum einen habe die Armee nicht alle ihre Ziele erreicht, da während des gesamten Krieges Raketen aus Gaza nach Israel abgefeuert worden seien. Zum anderen dürfe Israel die Erfolge der Hamas nicht ignorieren: Hamas habe internationale Legitimität und sogar Sympathie erworben und kontrolliere nach wie vor den Gaza-Streifen.

Sein Kollege Gideon Levy kommt demgegenüber in seiner Polemik zu einem vernichtenden Urteil über Israel und die Armee: »Dieser Krieg endete in einem absoluten Scheitern für Israel.«[145]

Der Historiker und Journalist Tom Segev versucht, mehr in die Tiefe zu gehen, wenn er das immer wiederholte israelische Argument, dass jeder Krieg überlebensnotwendige Selbstverteidigung sei, kritisiert. Übersehen werde dabei, dass es Israel war, das den Gaza-Streifen unter eine unmenschliche Blockade gestellt habe. Vor allem aber sei man nicht bereit oder in der Lage zu realisieren, dass die Hamas keine Terrororganisation ist, die die Menschen in Gaza als Geiseln hält. Hamas sei vielmehr »eine religiös-nationalistische Bewegung und eine Mehrheit in Gaza unterstütze sie in ihrem Widerstand«. Sein Schluss für jede israelische Regierung ist ernüchternd: »Seit dem Anfang der zionistischen Präsenz im Lande Israel hat keine einzige militärische Operation jemals den Dialog mit den Palästinensern gefördert.«[146]

US-Präsident Obama trat Anfang 2009 sein Amt an und forderte, die Hamas müsse den Beschuss Israels beenden und die israelische Armee solle sich aus Gaza zurückziehen.

143 Steven Erlanger. 17. Januar 2009. Israel Declares Cease-Fire. *The New York Times.*

144 Aluf Benn. 18. Januar 2009. Israel declares victory in Gaza, but at what cost? *Haaretz.*

145 Gideon Levy. 22.1.2009. Gaza war ended in utter failure for Israel. *Haaretz.*

146 Tom Segev. 29. Dezember 2009. Trying to »teach Hamas a lesson« is fundamentally wrong. *Haaretz*

Obama betonte weiter, dass ein dauerhafter Waffenstillstand auf offenen Grenzen und einem freien Fluss von Hilfe und Handel basieren sollte, allerdings unter einem effizienten »Kontroll-Regime« (monitoring regime).[147]

Nichts dergleichen geschah: Die Grenzen zum Gaza-Streifen blieben geschlossen und die Blockade wurde nicht aufgehoben. Der nächste Krieg konnte nicht ausbleiben.

Das Ende des Goldstone-Berichtes

Am 1. April 2011 erschien ein Artikel von Richter Richard Goldstone in der *Washington Post* unter dem Titel »Überdenken des Goldstone-Berichtes zu Israel und zu Kriegsverbrechen« (»Reconsidering the Goldstone Report on Israel and war crimes«).

Darin distanziert sich Goldstone vom Bericht, den die von ihm geleitete Kommission vorgelegt hatte. »Wenn ich gewusst hätte, was ich heute weiß, wäre der Goldstone-Bericht ein anderer Bericht geworden.« Er behauptet, dass es in Israel keine Politik gebe, nach der Zivilisten absichtlich angegriffen würden. Die Untersuchungen, die Israel über die Aktionen der Armee in Gaza durchgeführt habe, erwähnt er anerkennend, während er gleichzeitig die Hamas kritisiert, weil sie keine Untersuchungen über mögliche Kriegsverbrechen angestellt habe.

In direkter Antwort auf Goldstones Selbstkritik und seinen teilweisen Rückzug vom Bericht stellten sich die anderen drei Mitglieder der Kommission voll hinter die Untersuchung und ihre Recherchen: »Wir stehen voll hinter diesen Ergebnissen«.[148] Im Gegensatz zu Goldstone halten sie die von Israel durchgeführten Untersuchungen für unzureichend.[149] Vor allem kritisieren sie,

147 Jim Zanotti et al. 19. Februar 2009. Israel and Hamas: Conflict in Gaza (2008–2009). Congressional Research Center.

148 Hina Jilani, Christie Chinkin and Desmond Travers. 14. April 2011. Goldstone Report: Statement issued by members of UN mission on Gaza war. *Guardian.*

149 Vergleiche dazu weiter unten die Konsequenzen, die die Menschenrechtsorganisation B'Tselem auf der Basis ihrer Kritik der nie stattfindenden Untersuchungen von

dass es »keine Hinweise darauf gibt, dass Israel Untersuchungen aufgenommen hat über die Personen, die die Operation ›Gegossenes Blei‹ geplant, angeordnet und kontrolliert haben«. Damit aber, so folgern sie, sei eine der schwerwiegendsten Anschuldigungen über die Durchführung der israelischen Operationen überhaupt nicht angesprochen worden. Die Kommissionsmitglieder kritisieren zugleich, ebenso wie schon zuvor Goldstone, die palästinensischen Organisationen, die keinerlei interne Untersuchungen begonnen hätten.

Die internationale Presse berichtete vom Druck, den sowohl Israel unter der Führung von Premierminister Netanjahu als auch die jüdische Gemeinde in Südafrika auf Richter Goldstone ausgeübt hatten. Es ist offensichtlich, dass er und seine Familie den inakzeptablen persönlichen und religiösen Erpressungen nicht mehr standhalten konnte. Nur so ist sein Artikel in der *Washington Post* zu erklären.

Akiva Eldar, Historiker und Journalist bei *Haaretz* bzw. bei *Al-Monitor*, der Goldstone offensichtlich gut kennt, kritisiert Goldstones Rückzug vom Bericht der von ihm geleiteten Kommission. Er versuchte, ihn persönlich darauf anzusprechen und zu erfahren, wie er zu der Schlussfolgerung gekommen sei, es gebe in Israel keine Politik, Zivilisten anzugreifen. »Der südafrikanische Freiheitskämpfer entschuldigte sich höflichst und teilte mir mit, er habe sich Schweigen in den Medien (Medienabstinenz; HB) auferlegt.« Eldar meint, es sei bedauerlich, dass Goldstone nicht auf seine weiteren Fragen habe antworten wollen, also z. B. ob der Artikel in der *Washington Post* Resultat des unerträglichen Drucks auf ihn gewesen sei. Schließlich, so Eldar abschließend, habe ihm Goldstone 2010 selbst erzählt, wie man in einer Synagoge in Johannesburg versucht habe, ihm die Teilnahme an der Bar Mitzvah seines Enkels zu verbieten.[150]

Verbrechen der Armee durch die relevanten Armeestellen bzw. die von der Armee betriebene Schönfärberei zog.

150 Akiva Eldar. 12. April 2011. What exactly did Goldstone »retract« from his report on Gaza? *Haaretz*.

Die *sulta* unter Mahmud Abbas und die Vorlage des Goldstone-Berichtes beim Human Rights Council in Genf

Richter Goldstone war nicht der einzige, der dem Druck auf sich persönlich und seine Familie nicht standhalten konnte. Der palästinensische Präsident Mahmud Abbas zog im Oktober 2009 – offensichtlich im Alleingang und als Resultat massiven amerikanischen Drucks – in einem beschämenden Beschluss, vielleicht dem schlimmsten seiner Präsidentschaft, den palästinensischen Antrag zurück, mit dem der Menschenrechtsrat aufgefordert wird, den gesamten Goldstone-Bericht zu unterstützen. In den besetzten Gebieten, vor allem in Ramallah sowie weltweit in der palästinensischen Diaspora, brach ein Sturm der Entrüstung los und die *sulta* in Ramallah musste das Ruder wieder herumreißen. Sie forderte eine Sondersitzung des Menschenrechtsrates und am 16. Oktober wurde der Goldstone-Bericht angenommen und an die UN-Vollversammlung und den UN-Generalsekretär weitergeleitet.[151]

Israels politische Führung und der Krieg gegen Gaza 2008/2009

Anthony Cordesman, einer der führenden (konservativen) Militärstrategen in den USA, kommt zu einem vernichtenden Urteil über Israels politische Führung 2008/2009.[152] Am Ende des Krieges, so Cordesmann, hatte Israel keinen glaubwürdigen Plan für einen Waffenstillstand, keinen Plan, wie die Hamas niedergeschlagen und durch eine andere palästinensische politische Organisation ersetzt werden könnte, keinen Plan, wie es den Menschen in Gaza helfen und sie auf einen Weg in Richtung Frieden bringen könnte, und offensichtlich auch keinen Plan, wie es die Hilfe der USA

151 Joe Stork. 9. November 2009. Moving beyond the Goldstone Report. Human Rights Watch (Stork ist stellvertretender Direktor von Human Rights Watch, Abteilung Mittlerer Osten und Nordafrika).

152 Anthony Cordesman. January 9, 2009. The War in Gaza. Tactical Gains, Strategic Defeat? Center for Strategic and International Studies.

und anderer westlicher Freunde produktiv einsetzen könnte im Konflikt mit Gaza. Aus diesem Grund, so schließt Cordesman, »hätten sich Olmert, Livni und Barak blamiert und ihrem Land und ihren Freunden Schaden zugefügt. … Die Frage, die sich stellt, ist nicht, ob die israelische Armee die taktischen Lektionen der Kämpfe von 2006 gelernt hat. Die Frage ist vielmehr, ob Israels oberste politische Führung auch nur die geringste Kompetenz hat, die Armee zu führen«.

Dem ist nichts hinzuzufügen.

Der Abschnitt zum Krieg Israels gegen Gaza und seine Bewohner soll mit den Worten von Prinz Turk al-Faisal beendet werden, jahrelang saudischer Botschafter in London und Washington, ein durch und durch konservativer Politiker und Diplomat, den Cordesman als eine der weisesten Stimmen in der Region charakterisiert: »Die Bush-Administration hat … eine widerwärtige und rücksichtslose Einstellung zu den Massakern und dem Blutvergießen von Unschuldigen in Gaza hinterlassen. … Genug ist genug, heute sind wir alle Palästinenser und wollen Märtyrer sein für Gott und für Palästina, indem wir denen folgen, die in Gaza starben.«[153]

Der Krieg 2012: 14. November–21. November
Operation »Verteidigungsstütze« (»Pillar of Defense«)

Nur knapp vier Jahre nach dem verheerenden Krieg von 2008/2009 begann Israel einen weiteren Krieg. Auch dieser Krieg begann mit der Tötung eines Hamas-Führers, genau wie 2008/2009, als gleich mehrere Hamas-Aktivisten angegriffen worden waren. 2012 war es allerdings ein hochrangiger militärischer Führer der Hamas, Ahmed al-Dscha'bari, der durch einen Luftangriff der Armee auf das Auto, in dem er unterwegs war, starb.

Zu Beginn des Krieges 2008 hatte Israel den Waffenstillstand

153 Rede von Prinz Turk al-Faisal zur Eröffnung des sechsten Golf-Forums am 6. Januar 2009, zitiert nach Cordesman 2009.

mit der Hamas durch seine militärischen Angriffe und die Tötung von Hamas-Aktivisten gebrochen und damit direkt zum Krieg übergeleitet. Die Entwicklungen 2012 sind ähnlich, aber hier kann im Detail aufgezeigt werden, wie Israel sich immer wieder bewusst für Krieg und gegen die Möglichkeit eines Waffenstillstandes mit der Hamas entscheidet. Wir verfügen über zwei Quellen in *Haaretz*, ein Interview mit Gershon Baskin vom 15. November 2012 sowie eine Analyse von Reuven Pedatzur vom 4. Dezember 2012, die dies nahelegen. Folgen wir dem Bericht von Gershon Baskin,[154] dann hatte schon im Frühjahr 2012 eine Möglichkeit bestanden, einen langjährigen Waffenstillstand zwischen Israel und der Hamas zu erreichen, durch Vermittlung des ägyptischen Geheimdienstes und auf der Basis der Kontakte von Baskin mit Ghazi Hamad (hoher politischer Hamas-Führer) und Dscha'bari selbst. Baskin zeigte Verteidigungsminister Ehud Barak den Entwurf für den Waffenstillstand, erhielt aber keine klare Antwort und keine Entscheidung: »Sie entschieden, nicht zu entscheiden.« Baskin gab nicht auf und am 14. November 2012 erhielt Dscha'bari den Entwurf für ein erneutes langjähriges Waffenstillstandsabkommen. Baskin ebenso wie Ghazi Hamad und die ägyptischen Vermittler waren überzeugt, dass Dscha'bari unterschreiben würde. Genau an diesem Tag tötete jedoch die israelische Armee Dscha'bari, wohl auf direkte Anweisung von Barak und Netanjahu.

Pedatzurs Interpretation[155] dieser Entwicklungen lässt keine Zweifel zu: »Unsere politischen Entscheidungsträger, darunter der

154 Gershon Baskin. 15. November 2012. Israeli peace activist: Hamas leader Jabari killed amid talks on long-term truce. *Haaretz*. Gershon Baskin ist politischer Aktivist, Gründer von IPCRI (Israel/Palestine Center for Research and Information). Er publiziert eine regelmäßige Kolumne in der *Jerusalem Post*, die auf Arabisch in der Tageszeitung *al-Quds* erscheint. Er spielte eine zentrale Rolle bei der Freilassung von Gilad Schalit und organisierte die Zustellung eines Briefes von Schalit an seine Familie noch 2006, wenige Monate nachdem er gefangen genommen worden war.

155 Reuven Pedatzur. 4. Dezember 2012. Why did Israel kill Jabari? *Haaretz*. Pedatzur war der wichtigste militärische Kommentator bei *Haaretz* mit sehr kritischen Analysen zur israelischen Armee. Er lehrte außerdem an verschiedenen akademischen Einrichtungen. Er wurde generell als der am besten informierte Militärspezialist betrachtet. Er starb im April 2014 an den Folgen eines Motorrad-Unfalls.

Verteidigungsminister und vielleicht auch Premierminister Benjamin Netanjahu, wussten von der Rolle Dscha'baris bei der Vorbereitung eines permanenten Waffenstillstandes.« Trotzdem entschieden sie sich dagegen. »Der Beschluss zur Tötung Dscha'baris zeigt, dass unsere Entscheidungsträger meinten, dass ein Waffenstillstand zum damaligen Zeitpunkt für Israel nicht wünschenswert und dass ein Angriff auf die Hamas vorzuziehen war.«

Pedatzurs abschließende Analyse beweist, dass Israel, wie oben an verschiedenen Punkten gezeigt,[156] sich im Zweifel grundsätzlich für Krieg und für militärische Optionen, nicht für Waffenstillstand und Frieden entscheidet.

Mit der Entscheidung, Dscha'bari zu töten, »schlug Israel drei Fliegen mit einem Stein: Sie töteten den Mann, der die Macht hatte, ein Abkommen mit Israel zu schließen. Sie rächten sich an jemandem, der nicht wenige israelische Opfer verursacht hatte. Und schließlich signalisierten sie der Hamas, dass Israel nur in der Sprache der Waffen mit ihnen kommunizieren wollte.«[157]

Im Unterschied zum Krieg 2008/2009 führte Israel diesen Krieg ausschließlich aus der Luft. Es scheint, wie B'Tselem analysiert, dass die Armee eine andere Taktik bei ihren Angriffen benutzt hat, sehr viel gezielter und generell zurückhaltender, vielleicht um hohe Verluste unter der palästinensischen Zivilbevölkerung zu vermeiden.

B'Tselem kann allerdings am Ende des Krieges zeigen, dass zwar in den ersten vier Tagen relativ wenige Zivilisten zu den Opfern zählten, während vor allem Hamas-Aktivisten und Kämpfer angegriffen und getötet wurden.[158] In der zweiten Kriegshälfte

156 Hier muss auf die Analysen und Publikationen von Yehoshafat Harkabi verwiesen werden, der schon Ende der 1970er-, Anfang der 1980er-Jahre die Chance für einen Friedensschluss mit der PLO unter Arafat sah, die von Israel ausgeschlagen wurde.

157 Ein längeres Gespräch mit Gershon Baskin in Jerusalem am 15. Juli 2021 sowie eine E-Mail-Kommunikation mit dem Hamas-Spezialisten Adnan Abu Amer aus Gaza bestätigten diese Analyse vollinhaltlich.

158 B'tselem. 2013. Human Rights Violations during Operation Pillar of Defense. 14–21 November 2012. May 2013.

änderte sich das Bild. Es waren vor allem Zivilisten, die durch die Angriffe starben. Während des gesamten Krieges wurden 167 Menschen getötet, 62 davon militärische Aktivisten oder militärische Führer, die Opfer »gezielter Tötungen« wurden. In den ersten vier Tagen wurden 48 Menschen getötet, darunter 17 Zivilisten. In den letzten vier Tagen des Krieges wurden dagegen 119 Menschen getötet, davon 70 Zivilisten. Die palästinensische Menschenrechtsorganisation al-Mezan führt fast 170 Opfer auf, über 100 davon Zivilisten, darunter 34 Kinder und 13 Frauen.[159]

Die palästinensischen Raketen, die als Reaktion auf die israelischen Luftangriffe und Attentate nach Israel geschossen wurden, führten zum Tod von vier Zivilisten und zwei Soldaten.

Wie schon 2008/2009 mussten tausende Menschen in Gaza ihre Wohnungen und Häuser verlassen und Schutz in Schulen der UNRWA suchen. Wieder wurden Häuser und Wohnungen vollständig (124) oder teilweise (2051) zerstört, vor allem im Norden Gazas. Neben Wohnhäusern und Wohnung wurden die Büros von NGOs (25), ganze Schulen (97), Gesundheitseinrichtungen (15), Pressebüros (14), Polizeistationen (8) und Regierungsgebäude (16) zerstört. Daneben gab es große wirtschaftliche Schäden: 15 Fabriken und Läden wurden bombardiert ebenso wie Wasserbrunnen und landwirtschaftliche Flächen.[160]

159 Al-Mezan Center for Human Rights. 2013. Statistical Report on Persons killed and property damaged in the Gaza-Strip by the Israeli Occupation Forces (IOF, also dezidiert nicht IDF, der in Israel benutzte Namen: Israel Defense Forces) during »Operation Pillar of Cloud«.

160 Alle Angaben nach al-Mezan Center.

Der Krieg 2014: 8. Juli–26. August
Der längste Krieg gegen Gaza
(Operation »Schutzlinie« – »Protective Edge«)

Zwischen dem Ende des Krieges 2012 und dem Beginn des Krieges 2014 kehrte keineswegs Ruhe ein, weder in Gaza noch in der West Bank. 29 Menschen wurden in Gaza getötet, in der West Bank sogar 51. Die Besatzung setzte ihre Unterdrückung der Menschen fort, direkt in der West Bank, indirekt durch Blockade und massiv eingeschränkte Mobilität im Gaza-Streifen. Der Wiederaufbau von Gaza ging nur langsam voran und mit dem Coup des ägyptischen Generals al Sisi gegen den gewählten Präsidenten Mursi in Ägypten wurde der Gaza-Streifen auch von Ägypten her vollständig abgeriegelt und damit die Versorgung auf dem Weg der »Tunnel-Ökonomie« massiv unterbrochen.

In diesem Kontext von Besatzungsgewalt und Unterdrückung, expandierendem Siedlerkolonialismus und ethnischer Säuberung wurden am 12. Juni 2014 drei religiöse israelische Jugendliche in der Nähe von Hebron entführt, im C-Gebiet, das seit 1993 unter vollständiger israelischer Kontrolle steht. Ministerpräsident Netanjahu machte sofort die Hamas für die Entführung verantwortlich, ohne irgendwelche Beweise vorzulegen. Obwohl die Jugendlichen wohl unmittelbar nach ihrer Entführung getötet wurden – ein Vorgehen, das eher gegen eine Verantwortung der Hamas spricht –, startete die Regierung Netanjahu eine Öffentlichkeitskampagne für das möglichst schnelle Auffinden und Befreien der drei Entführten.

Nur wenige Tage später, am 2. Juli 2014, in einer direkten und an Brutalität und Menschenverachtung kaum zu übertreffenden Racheaktion, wurde der sechzehnjährige Muhammad Abu Khdair im Jerusalemer Vorort Shufat von rechtsextremistischen jungen Israelis entführt und ermordet.

Die israelische Armee begann noch Anfang Juni mit Massenverhaftungen in der West Bank und der Bombardierung des Gaza-Streifens, eine staatliche Racheaktion gegen die Entführung (und, wie erst später von der Regierung bekanntgegeben wurde, Tötung) der Jugendlichen bei Hebron. Am 29. Juni gab es das erste Todesopfer in Gaza infolge der Bombardements. Am 30. Juni antwortete die Hamas kurz mit Raketenbeschuss auf Israel.

Der Krieg 2014 brach schließlich in all seiner Grausamkeit am 8. Juli aus. Direkter Anlass für die Aufnahme der Raketenbeschießung Israels aus dem Gaza-Streifen war die Tötung von sieben Hamas-Kämpfern am 7. Juli in einem Tunnel bei Khan Yunis.

Der unmittelbare Anlass für den 50 Tage wütenden Krieg gegen Gaza 2014 war also zweifellos die Entführung und Ermordung der drei israelischen Jugendlichen im Süden der West Bank. Die Hamas antwortete mit massivem Beschuss Israels erst nach der Tötung von sieben ihrer Militanten in Gaza.

Der entscheidende und tiefer liegende Grund ist jedoch wohl anderswo zu suchen.

Israel versuchte mit allen Mitteln, die im Juni gebildete palästinensische Regierung des Nationalen Konsenses zu untergraben.[161] Als Resultat der zusehends schwieriger werdenden ökonomischen Lage in Gaza hatte sich die Hamas entschieden, eine Aussöhnung mit Ramallah und der dortigen Regierung anzubahnen. Der Erfolg dieser politischen Kehrtwende aus Gaza war die Schaffung einer »Regierung der nationalen Aussöhnung«, die von der Hamas formale Autorität über den Gaza-Streifen erhielt. Ziel war es, die Angestellten des öffentlichen Sektors endlich bezahlen zu können, die Blockade über Gaza zu lockern und Mobilität schrittweise zu ermöglichen. In der neuen Regierung dienten keine Hamas-Mitglieder. Premierminister, Finanzminister und Außenminister waren die vorher schon im Amt befindlichen Politiker aus Ramallah. Die Regierung akzeptierte nicht zuletzt alle von den USA und Europa gestellten Bedingungen: Verzicht auf Gewalt, Festhalten

161 Siehe dazu Nathan Thrall. 17. Juli 2014. How the West chose war in Gaza. Gaza and Israel: The Road to War, paved by the West. *The New York Times*. Vergleiche Mouin Rabbani. Juni 2014. Israel's West Bank Operation: Causes and Consequences. *Al-Shabaka* commentary.

an allen geschlossenen internationalen Abkommen und Anerkennung Israels.

Israel reichte das nicht bzw. Israel lehnte jeden Versuch der Annäherung zwischen Ramallah und Gaza grundsätzlich und vehement ab. Wie immer wurde das mit Sicherheitsargumenten begründet, unter anderem der Befürchtung, die Hamas könne auf diesem Weg ihre Position in der West Bank stärken. Obwohl die USA die neue palästinensische Regierung anerkannten, legte ihr Israel alle Steine in den Weg. Vor allem verhinderte Israel konsequent die Bezahlung der Angestellten in Gaza, selbst durch die Vermittlung eines Gesandten der UNO, den man allen Ernstes beschuldigte, er wolle Geld an die Hamas überbringen.

Diese israelische Politik, die früher oder später grundsätzlich volle Unterstützung aus den USA und letztendlich aus Europa erhält, bezeichnet man am treffendsten als »System Oslo«.[162]

Israel und die USA verhindern systematisch jede Annäherung zwischen Ramallah und Gaza, um die palästinensische Spaltung und den Konflikt zwischen Fatah und Hamas aufrechtzuerhalten. Mit dieser Politik des »Teile und Herrsche« verspricht man sich direkte Kontrolle über die Palästinenser mit der mehr oder weniger vollständigen Unterwerfung aus Ramallah, nicht zuletzt durch die Politik der »Sicherheitskoordination«. Gaza wird dagegen regelmäßig alle paar Jahre in Grund und Boden gebombt, wobei Israel – fälschlicherweise, wie die Ergebnisse der Serie von Kriegen gegen Gaza zeigen – davon ausgeht, dass es so in Frieden und Sicherheit leben könne.

Der Krieg in Gaza war also keineswegs ein Verteidigungskrieg Israels. Es war ein Krieg, den Israel mit Unterstützung des Westens frei wählte, um damit die aktuelle palästinensische Aussöhnung zu verhindern, wie es schon seit 2006 konsequent jede innerpalästinensische Annäherung und Aussöhnung verhindert hatte.[163]

162 Helga Baumgarten. 2014. Das »System Oslo« und der Krieg gegen Gaza. *INAMO* 79, S. 34–38.

163 Baumgarten. 2014. »System Oslo« zeigt dies in allen Details auf.

Den Krieg selbst führte Israel auf der Basis der militärischen »Dahiya-Doktrin« durch, die im Libanon-Krieg 2006 zum ersten Mal angewandt und im Krieg 2008/2009 in Gaza gegen die palästinensische Gesellschaft umgesetzt wurde. Mehr als zweitausend Menschen wurden getötet, darunter Hunderte von Kindern.[164] Etwa 18.000 Häuser wurden zerstört, über 100.000 Menschen verloren ihr Dach über dem Kopf. Die rücksichtslose Bombardierung von Häusern, den gesamten Krieg hindurch systematisch durchgeführt, forderte die meisten Opfer innerhalb der palästinensischen Gesellschaft. Die Armee bombardierte dabei aus der Luft mit ihren hochentwickelten Kampfflugzeugen und ihren zerstörerischen Waffen sowie vom Meer und vom Land aus. Ganze Familien wurden ausradiert.

Die blutigste Phase des Krieges begann mit der Bodeninvasion der Armee am 17. Juli, zehn Tage nach Aufnahme der Kämpfe. Ziel war, wie schon 2008/2009 (und wieder im Mai 2021), die Zerstörung des Tunnelsystems der Hamas. Als die Bodentruppen befürchteten, einer oder mehrere Soldaten seien entführt worden, schwenkte die Armee mit der Hannibal-Direktive zu einer neuen Militärtaktik um.[165] Diese besagt, dass israelische Soldaten bei einem Verdacht auf Entführung oder gar Tötung eines Soldaten volle Freiheit haben, alles zu zerstören, was ihnen in den Weg kommt und jeden ausnahmslos zu erschießen, der sie beim Versuch der Befreiung des Gefangenen oder Getöteten hindert bzw. selbst den Tod des Soldaten zu riskieren, um zu verhindern, dass er gefangen genommen wird. In Rafah kam schließlich während intensiver Kämpfe der konkrete Verdacht auf, dass ein israelischer

164 Al-Mezan Center for Human Rights. 2014. Press Release vom 27. August 2014. B'Tselem. 2014. 50 Days: More than 500 children: Facts and Figures on fatalities in Gaza, Summer 2014. (Zahlen korrigiert von B'Tselem am 20. Juli 2016: No Accountability). B'Tselem. 2015. Black Flag: The Legal and Moral Implications of the Policy of Attacking Residential Buildings in the Gaza Strip, Summer 2014.

165 Max Blumenthal. 2014. The Hannibal Directive: How Israel killed its own troops and massacred Palestinians to prevent soldier's capture. *AlterNet*, 2. September 2014. Jeff Halper. 2014. Globalizing Gaza. How Israel undermines International Law through »Lawfare«. *Counterpunch* 18. 8. 2014.

Offizier entführt worden sei. Die Armee schlug deshalb unbarmherzig zu.

Armee-Bulldozer rissen alles nieder, was ihnen in den Weg kam. Panzer fuhren durch die Stadt und bombardierten ununterbrochen. Innerhalb von Stunden wurden mindestens 500 Artillerie-Geschosse und hunderte von Raketen aus der Luft auf die Stadt abgefeuert, fast ausschließlich in von Zivilisten bewohnte Stadtviertel. Am Ende des Tages waren 200 Menschen tot.

Die Hannibal-Direktive war 1986 nach dem Gefangenenaustausch zwischen dem von Ahmad Dschibril geführten PFLP-Generalkommando, das im Südlibanon drei israelische Soldaten gefangen genommen hatte, und der israelischen Armee entwickelt worden. Israel wollte mit der neuen »Taktik« verhindern, dass durch weitere Entführungen von Soldaten Druck ausgeübt würde und man zu einem weiteren Gefangenenaustausch gezwungen wäre.

Die von Israel entwickelte und bis dato angewandte Dahiya-Doktrin, inklusive der Hannibal-Direktive, mit der schrankenlosen Anwendung von Gewalt gegen Zivilisten und der flächendeckenden Zerstörung ganzer Stadtviertel, die oben schon kurz erläutert wurde, verstößt ganz offensichtlich gegen zwei zentrale Prinzipien des Humanitären Völkerrechtes, das Prinzip der Unterscheidung zwischen Zivilisten und Kombattanten und das Prinzip der Verhältnismäßigkeit. Das Humanitäre Völkerrecht (alle vier Genfer Konventionen und die Zusatzprotokolle von 1977) lässt keinen Zweifel offen, was den Schutz von Zivilisten im Krieg betrifft: Zivilisten dürfen von keiner Armee angegriffen werden. Ihr Schutz ist absolutes Gebot, Schutz ihres Lebens wie Schutz ihrer menschlichen Würde. Das Humanitäre Völkerrecht (Art. 57.7.1, Zusatzprotokoll) verbietet auf der Basis des Prinzips der Verhältnismäßigkeit einen »Angriff, bei dem damit zu rechnen ist, dass er auch Verluste an Menschenleben unter der Zivilbevölkerung, die Verwundung von Zivilpersonen, die Beschädigung ziviler Objekte oder mehrere derartige Folgen zusammen verursacht, die in keinem Verhältnis zum erwarteten konkreten Fall und unmittelbaren militärischen Vorteil stehen«.[166] Jede Verletzung der Prinzipien der Unterscheidung und Verhältnismäßigkeit konstituiert einen schweren Verstoß gegen das Humanitäre Völkerrecht.

Jeff Halper argumentiert überzeugend und zeigt außerdem im Detail, wie Israel die Palästinenser gleichsam als Versuchskaninchen bei seiner Strategie der »Anpassung« des Völkerrechtes benutzt. Israel entwickelt neue Kategorien von Kombattanten wie »nicht-legitime oder illegitime Akteure«, »Terroristen«, »Aufständische«, »nichtstaatliche Akteure« sowie die sie unterstützende Zivilbevölkerung. Zwar hat die Vollversammlung der Vereinten Nationen 1960 das Recht aller Völker auf Selbstbestimmung und ein Recht auf Widerstand, auch mit Gewalt, gegen »fremde Unterdrückung, Herrschaft und Ausbeutung« garantiert. Allerdings geht die Entwicklung der letzten Jahrzehnte, die von den USA und Israel angeführt wird, in die entgegengesetzte Richtung. Ziel ist es, jeden Widerstand von nichtstaatlichen Akteuren zu delegitimieren.

Israel kritisiert die Palästinenser, wenn sie den Schutz internationalen Rechtes vor der Besatzungsmacht, die Humanitäres Völkerrecht beugt, suchen. Israel spricht dabei von »lawfare«, also Krieg mit Hilfe des Gesetzes. Jeff Halper zeigt, dass es im Gegenteil Israel ist, das »lawfare« betreibt, wenn es versucht, alle Restriktionen des Humanitären Völkerrechtes sukzessive zu eliminieren, um ungehindert gegen die Palästinenser kämpfen zu können. Führend dabei sind Asa Kasher, Professor für Philosophie und praktische Ethik an der Universität Tel Aviv, sowie General Amos Yadlin, Chef des militärischen Abwehrdienstes.

Kasher formuliert die Absichten Israels sehr deutlich: »Was wir tun, wird Gesetz.« Er kommt zum folgenden Schluss: »Ich bin nicht optimistisch, dass die Welt bald anerkennt, dass Israel

166 Zitiert nach Norman Paech. 2009. Gegen alle Regeln. Gaza und das Völkerrecht. *WeltTrends. Zeitschrift für internationale Politik* 17.65 (März/April), S. 77–87. Für 2014: Jeff Halper. 2014. Globalizing Gaza.

die führende Kraft ist bei der Entwicklung des internationalen Gewohnheitsrechtes. Aber ich hoffe, dass unsere Doktrin … Aufnahme findet ins internationale Gewohnheitsrecht, um Kriegsführung zu regeln und die Opfer zu begrenzen.« In diesem Kontext haben Kasher und Yadlin eine »neue Doktrin der Militärethik« auf der Basis ihrer »Doktrin vom gerechten Krieg im Kampf gegen Terror« ausgearbeitet. Dabei werden Staaten grundsätzlich privilegiert und sind frei, ihre Gegner schlicht als Terroristen abzuqualifizieren.

Wenn wir allerdings die Definition von Terror bei Kasher und Yadlin näher betrachten, so drängt sich auf, dass das, was Israel mit der Dahiya-Doktrin in Gaza macht, schlicht und einfach Staatsterror ist. Ziel dieser Doktrin ist es schließlich, der Zivilbevölkerung so massiven Schaden zuzufügen, dass sie ihrerseits Druck auf ihre Militanten ausübt. Der Goldstone-Bericht z. B. charakterisiert den Krieg von 2008/2009 als »einen in voller Absicht alle Verhältnismäßigkeit über Bord werfenden Angriff auf die Zivilbevölkerung, mit dem Ziel, diese zu bestrafen, zu demütigen und zu terrorisieren«.

Abschließend berufen sich Kasher und Yadlin auf das Recht auf Selbstverteidigung, mit dem alle Aktionen der Armee legitimiert werden. Dieses Recht auf Selbstverteidigung wiederum stehe nur Staaten zu.

Die israelische Strategie des »lawfare«, des »Krieges mit Hilfe des Gesetzes«, basiert auf einem schlichten und einfachen Grundsatz: man wiederholt illegale Akte immer und immer wieder, rechtfertigt sie jedoch mit immer neuen Grundsätzen einer »militärischen Ethik«. Daniel Reisner, Reserveoffizier in der Rechtsabteilung der israelischen Armee, formuliert lapidar: »Wenn man etwas lange (und oft; HB) genug macht, wird die Welt es schließlich akzeptieren. Internationales Recht heute basiert darauf, dass etwas, was heute noch verboten ist, morgen erlaubt ist, wenn es nur genug Staaten gemacht haben … Internationales Recht entwickelt sich durch Verletzungen eben dieses Rechtes. Wir erfanden die

These von den »gezielten Tötungen« und wir mussten sie durchsetzen. Acht Jahre später steht sie im Zentrum dessen, was als legal akzeptiert wird … Je öfter westliche Staaten die Prinzipien, die in Israel entwickelt wurden, selbst in ihren nicht-traditionellen Konflikten in Orten wie in Afghanistan oder im Irak anwenden, desto größer ist die Chance, dass diese Prinzipien ein wertvoller Teil internationalen Rechtes werden.«

Ein Experte im internationalen Recht (er zog es vor, anonym zu bleiben) erklärte schon 2005 in einem Interview in der *Jerusalem Post*, wie »das Spiel« mit dem internationalen Recht funktioniert. »Solange ein Staat im Rahmen des internationalen Rechtes erklären kann, was er tut, werden ihn die meisten Staaten nicht als Kriegsverbrecher anklagen.«

Gaza ist für Israel das Versuchsfeld nicht nur für immer neue Waffen und immer neue Instrumente der Unterdrückung. In Gaza testet Israel auch seine Manipulationen des Humanitären Völkerrechtes gekoppelt mit einer effektiven PR und Propaganda-Maschine.[167]

Israels Krieg gegen Gaza 2021: 10.–21. Mai

Nach dem Krieg im Mai 2021, der schon in der Einleitung beschrieben und analysiert wurde, ist die Lage in Gaza heute, im Juli 2021, schlimmer als vor dem Krieg. Die israelische Blockade ist nach wie vor in Kraft und immer wieder gibt es neue militärische Angriffe auf den Gaza-Streifen, in dem es eigentlich kaum noch etwas zu zerstören gibt. Der lange Krieg geht also auch nach dem Krieg 2021 ungebrochen weiter.

Israels Regierung, die alte unter Benjamin Netanjahu ebenso wie die neue unter Bennet und Yair Lapid, lernt offensichtlich nichts dazu. Militärische Gewalt bleibt die einzige Sprache, mit der

167 Alle Zitate wurden übernommen von Jeff Halper. 2014. *Counterpunch* und von der Autorin ins Deutsche übersetzt. Die vorgelegte Analyse ist eng angelehnt an diesen Artikel.

man mit Gaza zu kommunizieren bereit ist. Auf der anderen Seite wird das militärische Potenzial der Hamas und des Islamischem Jihad größer und effektiver.

Immer wieder gibt es minimale Zugeständnisse Israels, eher Augenwischerei oder Schönfärberei, wie B'Tselem schon 2016 anprangerte. So kündigte Israel am 12. Juli 2021 groß an, dass man bereit sei, die Fischereizone für die Fischer in Gaza von neun auf zwölf Seemeilen zu erweitern.[168] Gleichzeitig aber verhindert man systematisch, dass die Zerstörungen am System der Wasserversorgung in Gaza repariert werden, wie Amira Hass in aller Ausführlichkeit zeigt.[169] Ein Drittel aller Wasserleitungen in Gaza wurde im Krieg zerstört und konnte bis dato nicht repariert werden, weil der alte bzw. neue Verteidigungsminister Benny Gantz die Einfuhr von Baumaterialien unterbunden hat. Heutzutage ist der tägliche Wasserverbrauch in Gaza von 80 Liter am Tag vor dem Krieg auf 50 bis 60 Liter reduziert worden. Laut Weltgesundheitsorganisation sollte man 100 Liter am Tag zur Verfügung haben für den häuslichen Gebrauch, also Trinkwasser, Baden/Duschen und Reinigen. Etwa ein Drittel der Abwässer kann nicht mehr richtig behandelt werden und fließt offen auf den Straßen oder direkt ins Meer.

Laut Bericht der Weltbank von Ende Juni 2021[170] beträgt die Arbeitslosigkeit in Gaza inzwischen mindestens 50 %. Die Schäden durch den Krieg belaufen sich auf 290–380 Millionen Dollar, vor allem im Sozialsektor mit 140–180 Millionen Dollar und davon allein 93 % im Wohnsektor. Die Schäden, die in den produktiven Sektoren wie Landwirtschaft und Industrie entstanden, betragen etwa 75–90 Millionen Dollar. Wirtschaftliche Verluste machen zwischen 105 und 190 Millionen Dollar aus.

168 Yaniv Kubovich. 12. Juli 2021. Israel expands Gaza fishing zone. *Haaretz*.

169 Amira Hass. 14. Juli 2021. Israeli restrictions are preventing Gaza's water system from being repaired. *Haaretz*.

170 EU, World Bank Group (West Bank and Gaza) and United Nations. July 2021. Gaza Rapid Damage and Needs Assessment

Für den Wiederaufbau werden allein innerhalb des ersten Jahres 345–485 Millionen Dollar benötigt.

Die Weltbank kommt in ihrem zusammen mit der EU und der UNO verfassten Bericht zu einem wichtigen Ergebnis: »Nachhaltiger Frieden und Entwicklung können nur durch eine politische Entscheidung erreicht werden«, auch wenn dann die übliche westliche Konstruktion von Symmetrie in einer zutiefst asymmetrischen Konstellation folgt, »die Sicherheit und Entwicklung für beide Seiten berücksichtigt«.[171]

Am 14. Juli 2021 führten Geschäftsleute, die während des langen Krieges gegen Gaza meist eine Reiseerlaubnis besaßen, eine Demonstration am Grenzübergang Erez durch, zusammen mit Arbeitern, die früher in Israel hatten arbeiten können. Sie skandierten und forderten in immer neuen Formulierungen: »Wir fordern von Israel und von Hussein al-Scheikh (der Verantwortliche bei der palästinensischen Autorität in Ramallah für die Sicherheitskooperation mit Israel), dass der Übergang geöffnet wird.«[172]

Zusammenfassung: Die heißen Kriege im langen Krieg

An dieser Stelle ist eine nüchterne Bilanz angebracht. Israels Kriege gegen Gaza seit 2008 sind zusehends brutaler, rücksichtsloser und verheerender für die dort lebenden Menschen geworden. Die Kriegsführung auf der Basis der Dahiya-Doktrin sowie der Hannibal-Direktive seit 2014 hat immer neue Teile des Gaza-Streifens dem Erdboden gleichgemacht und das Leben zahlloser Menschen infolge des Verlustes ihrer Angehörigen zerstört. Die Gesellschaft in ihrer Gesamtheit litt und leidet unter dem Schaden an Leib, Leben und Seele (Psyche vor allem), den die Kriege verursachen. Der Gaza-Streifen wurde zu einem Ort, der nicht mehr zum Leben taugt, nur noch zum Überleben unter nicht mehr akzeptablen Lebensbedingungen. Vielleicht braucht es einen neuen Begriff,

171 Siehe Weltbankbericht Juli 2021.

172 Fernsehsender *al-Siraj*. 22 Uhr Nachrichten.

um zu erfassen, wohin die Kriege Gaza brachten: in einen Zustand des Un-Lebens.

Israels Armee führt Krieg mit immer mehr und stärkeren und präziseren Waffen. High-Tech dominiert alles. Die Piloten der F-15C und F-16 Bomber, ergänzt inzwischen durch das modernste Kampfflugzeug, das F-35,[173] nehmen ihre Einsätze als Computerspiele wahr, in denen es »clean« und »sauber« zugeht. Zerstörung, Tod, menschliches Leid können sie so problemlos aus ihrer Wahrnehmung ausklammern.

Die Palästinenser, an erster Stelle die Hamas mit ihrem militärischen Arm sowie der Jihad al-Islami, verfügen über immer mehr und bessere Waffen, mit denen sie Israel angreifen können, Waffen, die zum einen eine immer größere Reichweite haben und gleichzeitig größere Präzision ermöglichen. Viele der Waffen werden inzwischen in Gaza gebaut, Teile der Waffen sowie vor allem das Know-how zur Produktion kommen wohl vor allem aus dem Iran.

Ziel der Hamas und des islamischem Jihad ist offensichtlich die Herstellung eines »Gleichgewicht des Schreckens«, ähnlich der Situation, wie sie zwischen der Hisbollah im Libanon und Israel besteht: Das Bewusstsein der möglichen Schäden für das eigene Land und die eigene Gesellschaft soll den Ausbruch neuer Gewalt verhindern. Während dies im Libanon seit 2006 zu relativer »Ruhe« geführt hat, scheint die israelische militärische Einschätzung der »Beziehungen« zum Gaza-Streifen nach wie vor in Richtung immer neuer Kriege zu gehen.[174]

Im Ergebnis hat Israel jedoch nichts erreicht außer der Zerstörung jedes lebenswerten Lebens in Gaza. Und es scheint, dass Menschen, wenn ihr Leben nicht mehr lebenswert ist, bereit zu

173 *The Times of Israel*, 25. April 2021, über die Lieferung von drei weiteren F-35 Kampfflugzeugen sowie *The Times of Israel*, 11. Mai 2021, über den Einsatz unter anderem auch des F-35 Bombers.

174 Amos Harel. 16. Juli 2021. 15 Years On, Mistakes of Second Lebanon War Dictate Israel's Next Moves. *Haaretz*.

allen weiteren Opfern sind, um eben diese Situation grundsätzlich zu ändern.

Die Bereitschaft dazu ist da, in Gaza, ebenso wie in der West Bank und in Ost-Jerusalem, mit voller Unterstützung der Palästinenser in Israel.

Meinungsumfragen nach den israelischen Kriegen auf Gaza zeigen, dass die Bevölkerung den bewaffneten Widerstand aus Gaza nachhaltig unterstützt. In der Umfrage nach dem Krieg 2014 sprachen sich 86 % der Palästinenser in der West Bank und in Gaza für den Raketenbeschuss Israels aus, solange Israel die Blockade über den Gaza-Streifen nicht beendet. Die Popularität der Hamas stieg sehr stark an. Bei Parlamentswahlen wollten 46 % Hamas wählen im Vergleich zu nur 31 % für die Fatah. Präsidentenwahlen hätte damals Ismail Haniyeh mit großer Mehrheit gewonnen: 61 % für Haniyeh gegenüber 32 % für Mahmud Abbas. Fast 80 % der Palästinenser betrachteten schließlich die Hamas als den Gewinner des Krieges. Ebenso viele hielten Israel für den Ausbruch des Krieges verantwortlich.[175]

Die Umfrage nach dem Krieg 2021 zeigt ähnliche Tendenzen auf. 77 % betrachten die Hamas als den Sieger im Mai. 72 % sind der Meinung, dass die Hamas Raketen auf Israel geschossen hat, um Jerusalem und die Aqsa-Moschee zu verteidigen. Sollte Israel ernst machen und die Palästinenser aus Scheikh Jarrah aus ihren Häusern vertreiben, erwarten 77 %, dass die Hamas wieder mit Raketen auf Israel antwortet. 94 % sind stolz auf Gaza, 39 % davon, weil Gaza Jerusalem mit Raketen verteidigt hat, 39 %, weil Gaza alle Palästinenser vereint und die palästinensische Sache wieder ins Zentrum regionaler und internationaler Politik gebracht hat und 13 %, weil Gaza Tod und Zerstörung auf sich genommen hat, um Jerusalem zu verteidigen. Bei Präsidentenwahlen würde Ismail Haniyeh 69 % der Stimmen erhalten, Mahmud Abbas nur 27 %.

175 PCPSR Ramallah: Special Gaza War Poll, 2. September 2014. Abrufbar über die Webseite www.pcpsr.org

In Parlamentswahlen schließlich wollen 41 % Hamas wählen im Vergleich zu 30 %, die sich für Fatah entscheiden.[176]

Erreicht wurde bis dato nichts, außer wachsender externer Solidarität. Die Lage vor Ort hat sich nicht geändert, wurde eher schlimmer. Dennoch gibt es immer mehr Versuche, auf den verschiedensten Ebenen und mit allen möglichen Taktiken, die Verhältnisse zu ändern.

Versuche der Durchbrechung der Blockade

In immer neuen Anläufen versuchten Solidaritätsbewegungen und Gruppen wie »Befreit Gaza« (»Free Gaza«), die Blockade des Gaza-Streifens von außen aufzubrechen. Die erste große Aktion, am 31. Mai 2010, war die aus sechs Schiffen bestehende Flotte pro-palästinensischer Aktivisten, angeführt vom türkischen Schiff Mavi Marmara, die 10.000 Tonnen an Hilfsgütern nach Gaza transportieren wollte. Eine Elite-Einheit der israelischen Marine stoppte die Flotte noch in internationalen Gewässern mit militärischer Gewalt. Dabei wurden neun Passagiere getötet, viele andere verletzt, alle wurden in einen israelischen Hafen gebracht, dort verhaftet und schließlich deportiert. Auf den Schiffen waren zahlreiche internationale Aktivisten und Journalisten führender Presseorgane.

Der Menschenrechtsrat in Genf bildete am 2. Juni eine internationale Untersuchungskommission, die am 27. September 2010 ihren Bericht der Vollversammlung der Vereinten Nationen vorlegte.[177] Sie kam zu dem Schluss, dass die israelische Marineein-

176 PCPSR Ramallah: Public Opinion Poll no. 80, 15. Juni 2021. Herunterzuladen von www.pcpsr.org

177 Hier und im Folgenden: Zusammenfassung und zusammenfassende Übersetzung des Berichtes des Menschenrechtsrates: Human Rights Council. 27. 9. 2010. Report of the International fact-finding mission to investigate violations of international law and human rights law, resulting from the Israeli attacks on the flotilla of ships carrying humanitarian assistance. Siehe auch den Bericht im *Guardian* vom 31. Mai 2010: Robert Booth. 2010. Israeli attack on Gaza flotilla sparks international outrage.

heit eine ganze Serie von Verstößen gegen internationales Recht begangen hatte, darunter das Humanitäre Völkerrecht und das Menschenrecht. Zunächst stellt der Bericht fest, dass in Gaza 2010 eine humanitäre Krise als Folge der israelischen Blockade existiert. Diese Blockade an sich verletzt internationales Recht und es gibt keinerlei Rechtfertigung für sie.

Beim militärischen Angriff auf die Hilfsflotte benutzte die Armee ein Maß an völlig überflüssiger Gewalt, außerhalb jeder Verhältnismäßigkeit. Die Brutalität des Angriffs war völlig inakzeptabel und kann, so der Bericht, weder mit Argumenten der Sicherheit noch irgendwelchen anderen Argumenten gerechtfertigt werden. Der Angriff war vielmehr eine schwere Verletzung des Humanitären Völkerrechtes und der Menschenrechte.

Schon seit August 2008 versucht die Bewegung »Befreit Gaza« (Free Gaza Movement: freegaza.org) in immer neuen Aktionen, die Blockade von Gaza zu durchbrechen, mit Solidaritätsschiffen, die Nahrungsmittel und Medikamente transportieren, und durch die Besuche vor Ort, mit denen sie ihre Solidarität mit den Menschen in Gaza demonstrieren. Die ersten drei Schiffe erreichten Gaza, alle weiteren Schiffe wurden von Israel nicht mehr durchgelassen und immer wieder mit Gewalt gekapert und nach Israel gebracht. Unter den Solidaritätsaktivisten sind illustre Namen wie die Nobelpreisträgerin Mairead Maguire, der Opernstar Joe Fallisi und Autor Henning Mankell. Aus Israel kamen die Knesset-Abgeordnete Haneen Zoabi, die Journalistin Amira Hass und der Aktivist Gideon Spiro sowie Uri Davis dazu. Aus Palästina nahm u. a. Mustafa Barghuti teil. Deutsche Teilnehmer waren die Bundestagsabgeordneten der Linken Annette Groth, Inge Höger und Norman Paech, Matthias Jochheim von IPPNW und Nader al-Sakka, Deutsch-Palästinenser aus Hamburg.

Die Schiffe wirbelten viel Staub auf, vor allem waren sie für die Menschen in Gaza ein wichtiges Zeichen der Solidarität. An Israels Politik und an der Blockade änderten sie nichts.

Die Palästinenser selbst begannen 2018, zur Erinnerung an

70 Jahre *nakba* und die Vertreibung aus ihrer Heimat, einen »Großen Marsch der Rückkehr« zu organisieren. Genau wie bei den Solidaritätsschiffen reagierte die israelische Armee mit brutaler und rücksichtsloser Gewalt, allerdings viel ungehemmter als bei den Schiffen mit westlichen Aktivisten. Von 2018 bis 2020 wurden über 200 palästinensische Demonstranten getötet, darunter 48 Kinder, zwei Frauen, zwei Journalisten, vier Sanitäterinnen und Sanitäter und neun Menschen mit Behinderungen. Israel behauptet, diese Demonstrationen – in beträchtlicher Entfernung vom Grenzzaun zu Israel – seien von der Hamas organisiert und betrachtet sie deshalb als terroristische Aktionen. Damit sieht sich die israelische Armee berechtigt, massive Gewalt durch Scharfschützen anzuwenden, auch den Einsatz von scharfer Munition, zusätzlich zu Tränengas. Immer wieder wurden Palästinenser mit gezielten Kopfschüssen getötet. Eine Untersuchungskommission des Menschenrechtsrates in Genf[178] kam zum Ergebnis, dass »der Einsatz von scharfer Munition durch israelische Sicherheitskräfte gegen Demonstranten ungesetzlich war«. Die Kommission qualifizierte die Demonstrationen als zivil, keineswegs als militärische Kampagnen. Aus diesem Grund sei hier im Rahmen des Menschenrechtes zu argumentieren. Kinder, so die Kommission, seien klar als solche erkennbar gewesen und trotzdem erschossen worden. Schließlich sah die Kommission »überzeugende Hinweise darauf, dass israelische Scharfschützen absichtlich auf Sanitäter schossen, obwohl diese klar als solche markiert waren«.

Die über zwei Jahre aufrechterhaltene Massenaktion gegen die Blockade wurde mit immer mehr Gewalt niedergeschlagen. Die Demonstranten benutzten ihrerseits nun Ballons mit Feuerwerkskörpern und selbstgebastelten Brandbomben, die auf der israelischen Seite immer wieder Feuer auf landwirtschaftlichem Land verursachten.

Auch diese Aktion hat letztendlich nichts erreicht. Sie sorgte

178 UN Independent Commission of Inquiry on the 2018 Gaza protests. 28. Februar 2019, die 2018 vom Menschenrechtsrat in Genf in Auftrag gegeben worden war.

für viel Berichterstattung im Westen, viele Solidaritätsbezeugungen, aber sie änderte nichts an der positiven Haltung aller westlichen Regierungen zu Israel – egal welche »Politik« Israel in Gaza verfolgte und welches Maß an Gewalt sie anwandte, sowohl in den heißen Kriegen 2008, 2012, 2014 und 2021, als auch in den Zeiten des »alltäglichen langen Krieges gegen Gaza« von 2006 bis heute. Und bis heute hält Israel an seinem langen Krieg gegen Gaza und seiner unmenschlichen Blockade fest.

Die israelische Menschenrechtsorganisation B'Tselem schließlich hat im Mai 2016 beschlossen, nicht mehr mit dem Militär-Staatsanwalt (Military Advocate General, MAG) zu kooperieren. Die Organisation zeigt, wie dieses militärische Rechtssystem nur vorgibt, zu funktionieren und Verbrechen von Soldaten zu verfolgen, während in Wirklichkeit nichts verändert oder gar verbessert wird. Das gesamte System, so wird argumentiert, sei ein System zur Legitimierung der Besatzung und schlicht auf Schönfärberei aufgebaut. Sein wesentliches Ziel sei es, illegale Taten zu vertuschen und die Täter zu schützen.

B'Tselem beschloss deshalb im Mai 2016, in Zukunft unabhängig für Menschenrechte zu kämpfen und gleichzeitig das militärische Rechtssystem anzuprangern und offenzulegen, wie es arbeitet und was es repräsentiert.[179]

Im Januar 2021 publizierte B'Tselem seinen Apartheid-Bericht, der weltweit Aufsehen erregte. In diesem Bericht, der schon in der Einleitung zitiert wurde, charakterisierte die Menschenrechtsorganisation das gesamte Israel vom Mittelmeer bis zum Jordan seit Gründung des Staates Israel 1948 als ein Apartheidsystem: »Ein Regime jüdischer Vorherrschaft vom Jordan bis zum Mittelmeer: Das ist Apartheid.«[180]

179 B'Tselem. 2016 (May). The Occupation's Fig Leaf: Israel's Military Law Enforcement System as a Whitewash Mechanism. Vgl. dazu auch B'Tselem. 2016 (September). Whitewash Protocol: The So-Called Investigation of Operation Protective Edge.

180 B'Tselem. 2021. Abrufbar auf der Webseite von B'Tselem.

Schluss

Die palästinensischen Demonstrationen in Jerusalem, insbesondere in Scheikh Jarrah und Silwan, gehen weiter. Regelmäßig setzen israelische Sicherheitskräfte massive Gewalt gegen friedliche Demonstranten ein.[181] Selbst Journalisten werden attackiert, verhaftet, zusammengeschlagen – etwa *al-Jazeera*-Korrespondentin Jivara Budeiri.[182]

Die von Israel angeordneten Zerstörungen von Häusern in Silwan, südlich der Stadtmauer, in einem Gebiet, das extremistische Juden kontrollieren wollen, u. a. um dort einen von Siedlern kontrollierten touristischen Park zu schaffen, haben am 29. Juni 2021 begonnen. Die Familie Radschabi mit ihrer Metzgerei wurde zum ersten Opfer. Weitere 15 Familien sind unmittelbar bedroht. Der gerichtlich aufgeschobene Abriss weiterer 52 Häuser läuft im August 2021 ab. Caroline Ort, die Direktorin des Norwegischen Flüchtlingsrates in Palästina, forderte unmissverständlich, dass »Israel die gewaltsame Vertreibung von Menschen und die Zerstörung von deren Wohnhäusern und Eigentum sofort stoppen muss«. Denn »laut vierter Genfer Konvention ist Israel verpflichtet, Zivilisten unter seiner Besatzung zu schützen und kein privates Eigentum zu zerstören«.[183]

In der West Bank trifft man ständig auf Siedlerkolonialismus und ethnische Säuberung. Im Jordantal wurde das Beduinendorf Khirbet Humsa am 7. Juli 2021 zum wiederholten Male vollständig zerstört, seine sechzig Bewohner, Männer, Frauen, Kinder, einfach in der Sommerhitze ohne ein Dach über dem Kopf zurückgelassen.[184]

181 Amnesty International. 24. Juni 2021. Israeli police targeted Palestinians with discriminatory arrests, torture and unlawful force.

182 Nir Hasson. 5. Juni 2021. Israeli police arrest Al Jazeera reporter during protest in East Jerusalem's Sheikh Jarrah. *Haaretz*.

183 OCHA Relief Web. 29. Juni 2021. Israeli authorities demolish shop in Silwan, 15 families at imminent risk. Siehe Berichterstattung von *Al-Jazeera* ebenfalls am 29. Juni 2021.

184 Hagar Shezaf. *Haaretz*, 7. Juli 2021.

Im Norden der West Bank, beim Dorf Beita, wurde im Rekordtempo eine neue israelische Kolonie, Evyatar, auf Land errichtet, das den umliegenden Dörfern Beita, Qabalan und Yatma gehört.[185] Bei ersten Demonstrationen der Dorfbewohner gegen die neuen »Kolonialherren« wurden schon vier junge Demonstranten getötet.[186]

Inzwischen machten diese Kolonialherren einen Deal mit der neuen israelischen Regierung. Nach dem Gesetz hätte die Siedlung, die ohne jegliche Genehmigung gebaut wurde, sofort geräumt werden müssen.[187] Verteidigungsminister Gantz setzte diesen Gerichtsbeschluss jedoch nicht um. Anfang Juli erklärten die »Siedler« ihre »Bereitschaft«, die neugebauten Häuser zu verlassen. An ihrer Stelle wird die Armee alles übernehmen.[188] Es ist zu erwarten, dass dieser Armee-Stützpunkt in absehbarer Zeit wieder zu einer Siedlung gemacht wird.[189]

In den palästinensischen Dörfern und Städten in Israel treibt noch immer die Mafia ihr Unwesen, ohne effektives Eingreifen der Polizei. Stattdessen werden serienweise palästinensische Demonstranten verhaftet, denen vorgeworfen wird, dass sie im Mai 2021 jüdisches Eigentum angegriffen und beschädigt oder jüdische Israelis verletzt haben. Jüdisch-israelische Demonstranten, die sehr viel mehr Gewalt gegen ihre palästinensischen Nachbarn und Mitbürger und deren Eigentum ausübten, werden praktisch nicht belangt.

Laut *Musawa* (Zentrum für Bürgerrechte für Araber in Israel)

185 Amira Hass. 7. Juni 2021. *Haaretz.*

186 Amira Hass. 23. Juni 2021. Reality of a West Bank outpost: Four Dead Palestinians … *Haaretz.* Sowie dieselbe. 28. Juni 2021. Soldiers deployed in Beita sleep well. *Haaretz.* Hier spricht Amira Hass von einer »license to kill« der israelischen Armee, die sie die »army of defense for the settler enterprise« nennt.

187 Hagar Shezaf. 21. Juni 2021. Israeli army says new West Bank outpost »a blatant violation of the law«. *Haaretz.*

188 Tovah Lazaroff. 4. Juli 2021. »Vowing to return, settlers to leave Evyatar outpost«. *Jerusalem Post.* Siehe dazu Peace Now vom 22. Juni 2021. The new outpost of Evyatar: Status and implications. Vgl. auch Hagar Shezav. 29. Juni 2021. Explained: Israel's Compromise evacuation of an illegal outpost – what the settlers achieved. *Haaretz.*

189 Vgl. dazu vor allem das Editorial von *Haaretz* am 29. Juni 2021: Evacuate Evyatar without compromise, sowie Hagar Shezav vom 29. Juni 2021, *Haaretz.*

wurden bis 10. Juni 2021 mehr als 2150 Personen verhaftet, 90% davon Palästinenser. Es kam zu 184 Anklagen, nur 30 davon gegen jüdische Staatsbürger, wie die Menschenrechtsorganisation *Adala* berichtet. Schließlich wurde bei einer Demonstration bei Umm el-Fahm ein siebzehnjähriger Palästinenser erschossen.[190]

Währenddessen hat die *sulta* unter Präsident Abbas die Sicherheitskooperation mit Israel wiederaufgenommen. Abbas und seiner Machtelite in Ramallah geht es in diesen Tagen vor allem darum, die neugewonnene Popularität der Hamas und der Regierung in Gaza zu untergraben und sich wieder in den Vordergrund zu spielen. Im Zentrum steht die Rolle der *sulta* in Ramallah beim Wiederaufbau von Gaza. Dabei ist sehr viel Geld, also politischer Einfluss im Spiel.

Die Fatah von Mahmud Abbas versucht, die Demonstrationen in Beita für sich zu instrumentalisieren. Die Botschaft ist klar. Man will demonstrieren, dass allein gewaltloser Widerstand unterstützt wird. Dem israelischen Geheimdienst zufolge haben inzwischen Fatah-Mitglieder im Umfeld der Universität Birzeit eine Studie angefertigt, in der sie die Demonstrationen von Scheikh Jarrah als Modell für den Widerstand gegen die Besatzung propagieren.[191]

Widerstand gegen die Besatzung durch punktuelle Demonstrationen, solange diese die Sicherheitskooperation nicht untergraben, wird in allen Medien der *sulta* in Ramallah propagiert. Jede Art von Kritik an Abbas und seiner Politik ist jedoch tabu und wird durch rücksichtsloses Eingreifen der palästinensischen Sicherheitskräfte, in Uniformen und in zivil, gewaltsam unterdrückt.

Die blutige Ermordung von Nizar Banat, ehemaliges Fatah-Mitglied und einer der konsequentesten Kritiker der Mächtigen in Ramallah, in Hebron am 24. Juni 2021, bildet bis heute einen

190 Amnesty International 24. Juni 2021. Israeli police targeted Palestinians with discriminatory arrests, torture and unlawful force.

191 Yaniv Kubovich. 11. Juli 2021. Palestinian Authority study endorses Sheikh Jarrah »popular struggle« model. *Haaretz.*

Tiefpunkt der diktatorischen Herrschaft von Mahmud Abbas, den sich selbst die größten Pessimisten nicht hatten vorstellen können.

Demonstrationen gegen das Abbas-»Regime« in Ramallah

Der Mord an Nizar Banat, jeder andere Begriff würde den Tatbestand nicht erfassen, führte zu Demonstrationen gegen Abbas und sein Regime überall in der West Bank, von Hebron bis Jenin. *Al-Jazeera* bringt auf seinem Kanal kontinuierliche Informationen darüber, für jeden Palästinenser zu verfolgen. In den Fatah-Medien wird dies vollständig unterschlagen, während sie inzwischen nur indirekt darauf Bezug nehmen, indem sie externe Einflüsse gegen die Regierung von Abbas brandmarken.

Die Forderungen der Demonstranten erinnern an den »Arabischen Frühling«, also die arabischen Aufstände von 2011. In der Live-Sendung von *Al-Jazeera* am 11. Juli konnten die immer wieder skandierten Slogans deutlich gehört werden:

»Das Volk fordert den Sturz des Systems.«

»Abbas, hau ab. CIA, hau ab.«

»Abbas: Kollaborateur und Verräter.«

»Nizar Salim ist jetzt bei Scheikh Ahmad Yassin, er ist bei Abu Ammar, er ist bei Abu Jihad.«

»Wir wollen Freiheit.«

»Wir wollen Wahlen.«

Auf Plakaten und in Sprechchören wurde verlangt, dass alle Verantwortlichen vor Gericht gestellt und belangt werden, nicht nur die Mörder, die Nizar Banat zu Tode prügelten, sondern diejenigen, die dafür verantwortlich gemacht werden. Immer wieder genannt werden Präsident Mahmud Abbas, Premierminister Mohammad Schtayyeh, der Verantwortliche für die Sicherheitskoordination mit Israel, Hussein al-Scheikh, der Chef des Geheimdienstes »Präventive Sicherheit« *(amn al-wiqai),* Ziad Hab ar-Rih, sowie der Gouverneur von Hebron, Dschibreen al-Bakri. Auch das Ende von Oslo, »der Sturz von Oslo«, wird gefordert und direkt daran anschließend die »Befreiung Palästinas, für Freiheit und Ehre«. Auf vielen Bannern, die in den Demonstrationen hochgehalten werden, liest man:

»Intifada der Ehre« *(Intifada al-Karama).*

Die palästinensischen Menschenrechtsorganisationen in Ramallah, unterstützt von ihren Kollegen in Gaza, bezogen in immer neuen Pressekonferenzen und in ihren Publikationen eine klare Position, allen voran *al-Haq* aus Ramallah, geleitet von Schawan Jabareen.

Mamduh Aker, ehemaliger Vorsitzender des Aufsichtsrates der Universität Birzeit und des Forschungszentrums Muwatin, verlas auf der ersten Großdemonstration in Ramallah am 24. Juni ein Manifest der »Koalition ziviler und sozialer Institutionen« mit einer scharfen Verurteilung von Abbas und der *sulta* und der Forderung nach Gerechtigkeit und Freiheit.[192]

»1. Wir klagen Präsident Mahmud Abbas und die gesamte politische Führung an und machen sie verantwortlich für das, was heute Nizar Banat angetan wurde.

2. Wir fordern die Entlassung der Regierung und die Bildung einer Übergangsregierung von unabhängigen nationalen Persönlichkeiten, um Wahlen vorzubereiten für den Legislativrat sowie für einen neuen Präsidenten innerhalb von sechs Monaten.

3. Wir fordern die Entlassung der Führung aller Sicherheitsorgane. Wir fordern, dass alle, die den Befehl zur Tötung von Nizar Banat, dem Märtyrer der Meinungsfreiheit, gegeben und diesen ausgeführt haben, zur Verantwortung gezogen werden.

4. Sofortiger Stopp aller Beschränkungen der öffentlichen Freiheiten, der Meinungsfreiheit, der Pressefreiheit sowie der Freiheit, friedliche öffentliche Versammlungen und Demonstrationen zu veranstalten.

5. Wir fordern unser Volk auf, nach dem Freitagsgebet ein Gebet für Nizar Banat, den Märtyrer der Meinungsfreiheit, zu halten.

192 Die Demonstration und die Verlesung des Manifestes konnte live auf *Al-Jazeera* verfolgt werden.

Unser Volk schreit: Wir haben genug.
Unser Volk schreit: Genug ist Genug.«[193]

Wie wird es in Palästina weitergehen?

»Man muss das Unmögliche versuchen, um das Mögliche zu erreichen.«
(Hermann Hesse)

Israel scheint nicht bereit, aus der Vergangenheit zu lernen. Man hält unbeeindruckt an Siedlerkolonialismus und ethnischer Säuberung fest, von Jerusalem über die gesamte West Bank, vom Süden rund um Hebron bis in den Norden rund um Nablus und vor allem hinunter ins Jordantal. Der Einsatz von Gewalt, sei es durch die Armee oder die Siedler, die immer wieder von der Armee unterstützt werden, geht ungebrochen weiter.

Während Israels Beziehungen zu Hisbollah im Libanon mehr oder weniger von gegenseitiger Abschreckung bestimmt sind, ist das offensichtlich noch nicht der Fall im Hinblick auf Gaza und die Hamas und den Islamischen Jihad.[194] Hier sieht sich Israel im Zugzwang, um weitere Aufrüstungen in Gaza zu vermeiden. Damit aber ist der nächste Krieg gegen Gaza schon heute vorprogrammiert. Und es ist zu erwarten, dass auch dieser Krieg wie alle vorherigen Kriege mit viel Tod und Zerstörung in Gaza, zusehends mehr Zerstörung und mehr Toten in Israel und einer Fortsetzung der Kriegs- und Gewaltspirale enden wird.

Kritik an dieser israelischen Macht- und Kriegspolitik wird in Israel nur von winzigen radikalen Oppositionsgruppen und zusehends in der Presse, wie vor allem in der Tageszeitung *Haaretz*, geübt.

193 Den handgeschriebenen Text des Aufrufs erhielt die Autorin von Mamduh Aker selbst.

194 Amos Harel. 16. Juli 2021. 15 years on, mistakes of Second Lebanon War dictate Israel's next moves. The question marks revolve around Israel's ground troops. Will it take the risk to deploy them, and is this still a relevant military maneuver? *Haaretz*. Yaniv Kubovich. 14. Juli 2021. Israel believes war with Hezbollah unlikely. *Haaretz*.

Im Gegensatz zur israelischen Bevölkerung ist eine immer größere Zahl von amerikanischen Juden Israel gegenüber sehr kritisch geworden. Vor allem wird die Besatzung von immer weniger Juden gutgeheißen oder akzeptiert. Organisationen wie *Jewish Voice for Peace* konnten ihren Einfluss vergrößern. Ähnliche Entwicklungen sind, in sehr viel geringerem Umfang, auch in Deutschland, Österreich und der Schweiz zu verzeichnen.

Den Trend zu einer langfristig tiefgreifenden Veränderung innerhalb der amerikanischen Juden repräsentiert Peter Beinart sicher am besten. Noch bis vor wenigen Jahren das artikulierteste Sprachrohr der jungen Generation liberaler Zionisten in den USA, begann er im Sommer 2020, seine Stellung zu Israel radikal zu ändern. In einem Artikel in der *New York Times* unter dem Titel »Ich halte nicht mehr fest an einem jüdischen Staat« (I no longer believe in a Jewish State)[195] schrieb er, dass er nur einen bi-nationalen Staat für gerecht und der Lage vor Ort angemessen halte und deshalb unterstütze. In einem sehr viel ausführlicheren Artikel in der amerikanischen Zeitschrift *Jewish Current* schreibt er: »Die Zweistaatenlösung ist tot. Liberale Zionisten müssen endlich die Idee einer jüdisch-palästinensischen Trennung fallen lassen und stattdessen das Prinzip der Gleichheit unterstützen.«[196]

Die nächste, fast noch radikalere Änderung, kam im Mai 2021, als Beinart die Rückkehr der 1948 vertriebenen Palästinenser in ihre alte Heimat unterstützte, wie sie in der UN-Resolution 194 vom 11. Dezember 1948 gefordert wird: »Palästinensische Flüchtlinge haben das Recht darauf, nach Hause zurückzukehren. Juden sollten das verstehen können.«[197] Auch wieder in *Jewish Currents*

195 *New York Times*, 8. Juli 2020

196 Peter Beinart. 7. Juli 2020. »Yavne: A Jewish Case for Equality in Israel-Palestine. The 2-state-solution is dead. *Jewish Currents*.« Vgl. dazu auch seinen Artikel vom 27. Januar 2021 ebenfalls in *Jewish Currents*: »There is no right to a state.«

197 Peter Beinart. 12. Mai 2021. Palestinian Refugees deserve to return home. Jews should understand. (Wer für Juden ein Rückkehrrecht nach 2000 Jahren beansprucht, muss

entwickelt er dieses Argument in aller Ausführlichkeit: »Teschuva: Ein jüdisches Plädoyer für die Rückkehr der palästinensischen Flüchtlinge«.[198]

Internationale Solidarität

Die Aktion »Freiheit für Gaza« wurde oben schon ausführlich dargestellt. In Deutschland und Österreich ist die *Jüdische Stimme für gerechten Frieden in Nahost* aktiv, in der Schweiz die *Jüdische Stimme für einen gerechten Frieden zwischen Israel und Palästina*, als Teil des gesamteuropäischen Zusammenschlusses *European Jews for a Just Peace*.

In Wien sind außerdem die *Frauen in Schwarz*, 2001 begründet von Paula Abrams-Hourani (im Juni 2018 verstorben), kontinuierlich aktiv mit ihren Demonstrationen im ersten Bezirk von Wien, mitten in der Fußgängerzone.

Bei einer Veranstaltung in London haben Yanis Varoufakis, ehemaliger griechischer Finanzminister (2015) und seit 2019 Abgeordneter im griechischen Parlament, und Ilan Pappe, international bekannter israelischer Akademiker, der inzwischen in Großbritannien lehrt, das Thema »Ist Antizionismus Antisemitismus?« aufgegriffen und eine klar negative Antwort darauf gegeben. Varoufakis ist inzwischen aktiv in der »Anti-Apartheid-Bewegung in Solidarität mit den Palästinensern«.

Der Widerstand der Palästinenser für eine Zukunft in Freiheit

Diese internationale Solidarität ist von enormer Bedeutung für den palästinensischen Widerstand gegen Siedlerkolonialismus und

den Palästinensern eines nach 70 Jahren einräumen). *The New York Times* (Opinion). Vgl. dazu Benjamin Wallace-Wells. 23. Mai 2021. »A liberal Zionist's move to the Left on the Israeli-Palestinian conflict«. *The New Yorker*.

198 Peter Beinart. 11. Mai 2021: »Teshuva: A Jewish Case for Palestinian Refugee Return«. *Jewish Currents*.

ethnische Säuberung. Aber entscheidend für alle weiteren Entwicklungen, die weichenstellende Veränderungen hervorbringen können, ist der von Palästinensern selbst geführte Kampf gegen den Apartheid-Staat Israel, für Freiheit, Gleichheit und einen demokratischen Staat in Palästina.

BDS: Bewegung Boykott, Desinvestitionen, Sanktionen.

»Wenn (BDS) dabei hilft, der schrecklichen israelischen Politik Hindernisse in den Weg zu stellen, dann bin ich für BDS. Denn ich habe selbst miterlebt, was Faschismus ist.«[199] Mit dieser Einschätzung der BDS-Bewegung ließ Esther Bejarano, Überlebende des KZ Auschwitz-Birkenau und bekannte Antifaschistin, im Jahr 2018 aufhorchen.

Die BDS-Bewegung, vor allem im deutschen Sprachraum heiß umstritten, wurde 2005 von mehr als 170 zivilgesellschaftlichen Organisationen und Gewerkschaften gegründet. Inzwischen unterstützt die gesamte palästinensische Zivilgesellschaft ausnahmslos BDS. In einem langen Interview, das Peter Beinart am 9. Juli 2021 mit Omar Barghuti, einem der Gründer von BDS führte,[200] betont Barghuti, dass die BDS eine gewaltlose Bewegung ist. Mit Antisemitismus hat sie nichts zu tun. Ilan Pappe z. B., zusammen mit einer Reihe von israelischen Juden sowie Juden in der Diaspora, unterstützt BDS, und in Marokko wird die dortige BDS-Gruppe von einem marokkanischen Juden angeführt. Niemand innerhalb der BDS-Bewegung kämpft, so fährt Barghuti fort, gegen Juden. Der Widerstand der BDS richtet sich einzig und allein gegen Israel

199 Adri Nieuwhof. 6. Dezember 2018. Why Auschwitz survivor Esther Bejarano supports BDS. *The Electronic Intifada*. Vgl. auch Sebastian Friedrich. 15. Juli 2021. Eine große unbeugsame Antifaschistin. Der *Freitag* Nr. 28. Von führenden deutschen Politikern und von den Mainstream-Medien in Deutschland wird Bejarano ausschließlich als Überlebende von Auschwitz und Kämpferin gegen den Antisemitismus vereinnahmt. Dass sie zeit ihres Lebens linke Antifaschistin war, wird schlicht übergangen. Auch ihre scharfe Kritik an Israel und ihre Unterstützung des palästinensischen Widerstandes sowie der BDS wird unterschlagen.

200 Im Beinart-Notebook über YouTube jederzeit anzusehen und zu hören.

als Apartheid-Staat, der die Palästinenser unterdrückt, mit Gewalt bekämpft, nie als gleichberechtigte Menschen anerkannt hat und sie vielmehr regelrecht entmenschlicht.[201]

Inzwischen hat die BDS-Bewegung Barghuti zufolge wichtige Veränderungen hervorgebracht, vor allem von unten. Desinvestitionen nehmen zu, etwa vom norwegischen Staatsfonds. Damit hat die BDS auch an einigen Punkten die Mitte zwischen Basis und Regierungsebene erreicht. Die Regierung Südafrikas ist die erste, die BDS ohne Vorbehalte unterstützt. Ziel von BDS, und damit schließt Barghuti seine Unterhaltung mit Peter Beinart, sei eine »ethische De-Kolonisierung« und die Herstellung einer echten, langanhaltenden und ethischen Koexistenz.[202] Möglich wird das nach Auffassung von Barghuti nur durch eine grundlegende Veränderung in Israel, wo die Unterdrückung zusammen mit den kolonialen Privilegien enden muss. Die Siedler in Israel müssen auf der Basis vollständiger Gleichheit Teil der einheimischen Gesellschaft werden.

Seit Beginn des letzten israelischen Krieges gegen Gaza finden überall in Ost-Jerusalem, in Israel und in der West Bank fast ohne Unterbrechung Demonstrationen statt, die eine radikale Veränderung fordern. Der landesweite Streik vom 18. Mai 2021,

201 Der unmenschliche Beschluss der israelischen Gefängnisverwaltung bzw. der neuen israelischen Regierung, Khalida Dscharrar, Abgeordnete des palästinensischen Legislativrats, die eine Haftstrafe absitzt, weil sie Mitglied der PFLP ist, die Teilnahme an der Beerdigung ihrer plötzlich an einem Herzschlag gestorbenen 31-jährigen Tochter Suha verwehrt hat, ist nur ein weiteres Beispiel dieser Dehumanisierung von Palästinensern durch Israel. Facebook hat sich nicht entblödet, den Account des Freundes der Familie, der Suha tot auffand und den Abschiedsbrief ihrer Mutter auf Facebook publizierte, zu blockieren. Amira Hass. 17. Juli 2021. Facebook blocks account that posted letter by jailed Palestinian ex-MP. *Haaretz.*

202 Barghuti zitiert hier Paulo Freire. 1991. Pädagogik der Unterdrückten. Bildung als Praxis der Freiheit. Reinbek bei Hamburg: Rowohlt, S. 32: »So kommt es zu einer Verzerrung des vollkommeneren Menschseins, was die Unterdrückten früher oder später den Kampf gegen die aufnehmen läßt, die ihre Menschlichkeit ruinierten. Soll dieser Kampf einen Sinn haben, dann dürfen die Unterdrückten bei ihrem Versuch, ihre Menschlichkeit wiederzugewinnen, nicht ihrerseits Unterdrücker der Unterdrücker werden, sondern sie müssen vielmehr die Menschlichkeit beider wiederherstellen.« Siehe auch Barghuti in *Mondoweiss,* 21. Oktober 2013: What comes next? A secular democratic state in historic Palestine.

zum ersten Mal überall im historischen Palästina (also von Gaza über Israel, Ost-Jerusalem bis in die West Bank) durchgeführt, wurde zu einem überwältigenden Erfolg. Einen derartigen Streik konnte die moderne palästinensische Geschichte seit 1948 bis dato nicht verzeichnen. Im Folgenden soll ein Beispiel für die aktuellen Vorstellungen der palästinensischen Jugend präsentiert werden.

Eine Gruppe von jungen Palästinensern trat mit dem »Manifest für Würde und Hoffnung« – »Intifada der Einheit«[203] an die Öffentlichkeit. Mit diesem Manifest und dem darauf aufbauenden Widerstand wollen sie ein neues Kapitel in der palästinensischen Geschichte aufschlagen, ein Kapitel von »Mut und Stolz«, mit einer »Geschichte von Gerechtigkeit und Wahrheit, die keine israelische koloniale Unterdrückung, wie grausam und brutal sie auch sein mag, auslöschen kann«.

Sie wollen die Tragödie des »Oslo-Gefängnisses« in der West Bank oder des »Staatsbürger-Gefängnisses« in Israel, in den Gebieten von 1948 (in denen Israel als Staat entstand), im »Gefängnis von Gaza«, isoliert in der monströsen Blockade und in immer neuen Kriegen verwüstet, und schließlich der weltweiten Diaspora, in der die Palästinenser vollständig von Palästina abgetrennt sind, ein für alle Mal beenden.

Ihr Hauptziel ist es, mit einer »Intifada der Einheit« »die palästinensische Gesellschaft überall auf der Basis eines gemeinsamen politischen Willens (also wohl eines gemeinsamen politischen Programms; HB) und mit einem gemeinsam geführten Widerstand gegen den Zionismus überall in Palästina« wieder zu vereinen.

Ähnlich argumentieren zwei junge Palästinenser in *Haaretz* mit ihrem Artikel »Das große palästinensische Erwachen. Wie wir unsere Existenz als Volk und unsere Stärke wiederfanden. Trotz Israels jahrzehntelanger Versuche, uns zu fragmentieren, zu kontrollieren und einzuschränken, haben die letzten paar Monate eine neue palästinensische Identität geschmiedet, die uns alle, von

203 Auf der Webseite von *Mondoweiss*, 18. Mai 2021.

Jerusalem bis Haifa und bis Gaza zusammenschweißt: Die palästinensische Jugend hat sich entschieden: Genug ist Genug.«[204]

Eine Stimme der palästinensischen Christen

In diesem Buch war viel die Rede von den palästinensischen Muslimen, die in der palästinensischen Gesellschaft die große Mehrheit repräsentieren. Wir dürfen aber nicht die Stimme der palästinensischen Christen vergessen, die heute nur noch knapp 2 % der Bevölkerung ausmachen, massiv reduziert von etwa 10 % vor 1948.

Hier soll abschließend Michel Sabah zu Wort kommen, der ehemalige römisch-katholische Patriarch von Jerusalem. In einem Interview mit *La Stampa* geißelt er den Krieg Israels gegen Gaza 2014. Was er damals sagte, besitzt auch heute noch volle Gültigkeit. »Was in Gaza passiert, ist kein Krieg, es ist ein Massaker. Ein sinnloses Massaker, denn es bringt Frieden und Sicherheit für Israel keinen Schritt näher … Der einzige Weg heraus aus der Spirale der Gewalt und Zerstörung ist die Anerkennung des zugrundeliegenden Problems, nämlich die israelische Besatzung der palästinensischen Gebiete. Frieden und Sicherheit wird es erst geben, wenn Israel einen freien und souveränen palästinensischen Staat anerkennt. … Vielleicht müssen wir auf eine neue Generation von Politikern in Israel warten. Die jetzige Führung glaubt nur an militärische Macht und Stärke. Sie haben hochentwickelte Waffen, um zu töten. Aber sie haben keine Bereitschaft, Frieden zu schließen. Dazu bringen sie keinen Mut auf.«[205]

Der Weg zum Frieden für Palästina ist wohl noch ein langer. Aber die Zahl der Menschen – in Palästina, in Israel und weltweit – die dafür eintreten, wächst. Aus eben diesem Grund blicken die Palästinenser mit Optimismus in eine Zukunft, die für sie das Ende der jahrzehntelangen Unterdrückung, das Ende des langen Krieges

204 Miran Khwais and George Zeidan. 18. Juli 2021. The great Palestinian awakening, *Haaretz*.

205 Michel Sabah, *La Stampa,* 22. Juli 2014

gegen Gaza, das Ende von Siedlerkolonialismus und ethnischer Säuberung bringen soll und den Beginn eines Lebens in Freiheit, Würde und Frieden.

Der Traum des palästinensischen Liedermachers Mustafa al-Kurd vom Frieden soll nicht mehr nur Traum bleiben, sondern Wirklichkeit werden:

»Ich träume von morgen
Vertrauen
Liebe
Frieden
Von morgen träume ich.«

Bibliographie

Abdul-Hadi, Mahdi. 1997. Documents on Palestine. Two volumes. Jerusalem: PASSIA.

Abu-Amr, Ziad. 1994. Islamic Fundamentalism in the West-Bank and Gaza: Muslim Brotherhood and Islamic Jihad. Bloomington: Indiana University Press.

Abu Iyad mit Eric Rouleau. 1979. Heimat oder Tod. Der Freiheitskampf der Palästinenser. Düsseldorf-Wien: Econ Verlag.

Abu Sitta, Salman. 2016. Mapping My Return. Cairo-New York: American Univ. in Cairo Press.

Aronson, Geoffrey. 1987. Creating Facts: Israel, Palestinians and the West Bank. Washington D. C.: IPS.

Asseburg, Muriel. 2021. Palästina und die Palästinenser. München: Beck Verlag.

Baumgarten, Helga. 2014. Das »System Oslo« und der Krieg gegen Gaza. *INAMO* 79, S. 34–38.

Baumgarten, Helga. 2013. Kampf um Palästina – Was wollen Hamas und Fatah? Freiburg im Breisgau: Herder Verlag.

Baumgarten, Helga. 2006. Hamas. Der politische Islam in Palästina. Kreuzlingen: Heinrich Hugendubel Verlag (Verlag Diederichs).

Baumgarten, Helga. 1991. Palästina: Befreiung in den Staat. Frankfurt am Main: Suhrkamp

Benvenisti, Meron. 1986. Report 1986. Jerusalem: West Bank Data Base Project.

Benvenisti, Meron. 1987. Report 1987. Jerusalem: West Bank Data Base Project.

Blumenthal, Max. 2014. The Hannibal Directive: How Israel killed its own troops and massacred Palestinians to prevent soldier's capture. *AlterNet*, 2. September 2014.

Burgat, Francois. 2003. Face to Face with Political Islam. London: I. B. Tauris.

Bin Yusuf, Ahmad. 1990. Die Bewegung des Islamischen Widerstandes Hamas. (Arabisch).

Cordesman, Anthony. January 9, 2009. The War in Gaza. Tactical Gains, Strategic Defeat? Center for Strategic and International Studies.

Dajani, Omar. 2010. The Importance of the Goldstone Report. Proceedings of the Annual Meeting (of the American Society of International Law) vol. 104, March 24–27, S. 73–79.

De Soto, Alvaro. 2007. End of Mission Report. http://image.guardian.co.uk-sys-files/Guardian/documents/2007/06/12/DeSotoReport.pdf

EU, World Bank Group (West Bank and Gaza) and United Nations. July 2021. Gaza Rapid Damage and Needs Assessment.

Flapan, Simha. 1987. The Birth of Israel. Myths and Realities. New York: Pantheon Books.

Flores, Alexander. 2004. Judenfeindschaft im Kontext: Antisemitismus bei den modernen Palästinensern. Unveröffentlichtes Manuskript für einen Vortrag am Berliner Zentrum für Antisemitismus-Forschung, 2000.

Flores, Alexander. 1988. Intifada. Aufstand der Palästinenser. Berlin: Rotbuch Verlag.

Freire, Paolo. 1991. Pädagogik der Unterdrückten. Bildung als Praxis der Freiheit. Reinbek bei Hamburg: Rowohlt Taschenbuch.

Halper, Jeff. 2021. Decolonizing Israel, Liberating Palestine. London: Pluto Press.

Halper, Jeff. 2014. Globalizing Gaza. How Israel undermines international Law through »Lawfare«. *Counterpunch*, 18. August 2014.

Harkabi, Yehoshafat. 1988: Israel's Fateful Decisions. London: I. B. Tauris.

Harkabi, Yehoshafat. 1983. The Bar Kokhba Syndrome. Risk and Realism in International Politics. Chappaqua, New York: Rossel Books.

Hart, Alan. 1984. Arafat. Terrorist or Peacemaker. London: Sidgwick and Jackson.

Hazboun, Norma. 1994. The Resettlement of the Palestinian Refugees of the Gaza Strip. PhD Leeds University.

Heacock, Roger and Jamal Nassar (eds.): Intifada: Palestine at the Crossroads. New York: Praeger Publ.

Hroub, Khaled. 2004. A ›New Hamas‹ through its New Documents, *Journal of Palestine Studies* 34.4, 6–27.

Informationsstelle Palästina (Hrsg.) 1989. Die palästinensische Friedensinitiative. Palästina Dokumentation Nr. 12.

Johnson, Penny and Raja Shehadeh (eds.) 2013. Seeking Palestine. New Palestinian Writing on Exile and Home. Northampton: Olive Branch Press.

Kanafani, Ghassan. 1983. Das Land der traurigen Orangen. Basel: Lenos Verlag.

Khalidi, Rashid. 2013. Brokers of Deceit. How the US has undermined Peace in the Middle East. Boston: Beacon Press.

Kimmerling, Baruch. 2003. Politizid. Ariel Sharons Krieg gegen das palästinensische Volk, München.

Lada'a, Ibrahim K. 2018. Arzt aus Jaffa. Geschichte eines palästinensischen Vertriebenen. Engelschoff: Verlag auf dem Ruffel.

Lesch, Ann. 1980. Political Perceptions of the Palestinians on the West Bank and the Gaza Strip. Washington D. C.: The Middle East Institute.

Mansur, Ahmad. 2004. Sheikh Ahmad Yassin. Zeuge für die Periode der Intifada. Ein al-Jazirah Buch. Beirut: al-Jazirah (basierend auf Interviews von 1998, aufgenommen in Doha, Qatar) (Arabisch).

McGeough, Paul. 2009. Kill Khaled. The Failed Mossad Assassination of Khalid Mishal and the Rise of Hamas. New York and London: The New Press.

Morris, Benny. 1987. The birth of the Palestinian refugee problem,

1947–1949. Cambridge: Cambridge Univ. Press.
Paech, Norman. 2009. Gegen alle Regeln. Gaza und das Völkerrecht. *Welt-Trends. Zeitschrift für internationale Politik* 17.65 (März/April), S. 77–87.
Pappe, Ilan. 2013. The Forgotten Palestinians. The History of the Palestinians in Israel. Yale University Press.
Pappe, Ilan. 1988. Britain and the Arab-Israeli Conflict, 1948–1951. London: Macmillan.
Raz, Adam. 2021. Israel claimed its 1967 land conquests weren't planned. Declassified documents reveal otherwise. *Haaretz*: 3. Juni 2021.
Rodinson, Maxime. Israel: A colonial-settler state? 1969 bzw. 1973. New York: Monad Press.
Roy, Sara. 1995. The Gaza Strip: The Political Economy of De-development. Beirut: Institute for Palestine Studies.
Sacco, Joe. 2009. Footnotes in Gaza. New York: Metropolitan Books.
Said, Edward. 1995. Symbol versus Substance: A Year after the Declaration of Principles, in: *Journal of Palestine Studies* 24.2: 60–72.
Saleh, Abdul Jawad. 1987. Israel's Policy of De-Institutionalization. A Case Study of Palestinian Local Governments. London: Jerusalem Center for Development Studies.
Shahak, Israel. Shahak-Pressedienst: The Israeli theft of water from the Territories and the water problem in Palestine in general (aus *Haaretz*/hebräisch, 3. Mai 1989).
Shavit, Avi. 8. Januar 2004. Survival of the Fittest (Interview with Benny Morris). *Haaretz*
Shehadeh, Raja. 1988 (2. Auflage). Occupier's Law. Israel and the West Bank. Washington D. C.: IPS.
Shinar, Dov. 1987. Palestinian Voices. Communication and Nation Building in the West Bank. Boulder, Col.: Lynne Rienner.
Shipler, David. 1986 (revised 2002). Arab and Jew: Wounded Spirits in a Promised Land. New York: Broadway Books.
Shlaim, Avi. 2000. The Iron Wall. Israel and the Arab World. New York/London: W. W. Norton.
Shlaim, Avi. 1988. Collusion over the Jordan: King Abdullah, the Zionist Movement, and the Partition of Palestine. Oxford: Clarendon Press.
Sprinzak, Ehud. 1999. The Ascendance of Israel's Radical Right. Oxford: Oxford Univ. Press.
Swisher, Clayton. 2004. The Truth about Camp David: The Untold Story of the Collapse of the Middle East Peace Process. New York: Nation Books.
Tamari, Salim. 1991. The Next Phase: Problems of Transition, in: PASSIA. Palestinian Assessments of the Gulf War and its Aftermath. Jerusalem.
Tamari, Salim. 1990. The Revolt of the Petite Bourgeoisie: Urban merchants and the Palestinian Uprising, in: Roger Heacock and Jamal Nassar (eds.): Intifada, S. 159–174.
Thrall, Natan. 2017. The only language they understand: Forcing compromise in Israel and Palestine. New York: Metropolitan Books.

Torre, Maria Elena et alii. 2017. Critical Participatory Action Research on State Violence. In: Norman K. Denzin and Yvonna S. Lincoln (eds.). The Sage Handbook of Qualitative Research. Thousand Oakes, CA: Sage Publications, Part III no. 10 (22).

Yiftachel, Oren. 2006. Ethnocracy: Land and Identity Politics in Israel/Palestine. Philadelphia: Univ. of Pennsylvania Press.

Zertal, Idith und Akiva Eldar. 2007. Lords of the Land. The War over Israel's Settlements in the Occupied Territories, 1967–2007. New York: Nation Books.

Berichte von Menschenrechtsorganisationen:

Al-Mezan Center for Human Rights. 2021 (July 13). In focus: The effects of Israel's offensive and tightened blockade on Gaza's patients and healthcare system – May 2021

Al-Mezan Center for Human Rights. 2021 (5 July). In focus: The effects of Israel's tightened blockade on the economic and humanitarian conditions in the Gaza Strip

Al-Mezan Center for Human Rights. 2021 (2 June). In focus: the effects of Israel's military offensive on Gaza's WASH facilities. 10–21 May 2021.

Al-Mezan Center for Human Rights. 2013. Statistical Report on Persons killed and property damaged in the Gaza-Strip by the Israeli Occupation Forces during »Operation Pillar of Cloud«.

B'Tselem. 2021 (Januar). A regime of Jewish supremacy from the Jordan River to the Mediterranean Sea: This is apartheid.

B'Tselem. 2016 (September). Whitewash Protocol: The So-Called Investigation of Operation Protective Edge.

B'Tselem. 2016 (May). The Occupation's Fig Leaf: Israel's Military Law Enforcement System as a Whitewash Mechanism.

B'Tselem. 2015. Black Flag: The Legal and Moral Implications of the Policy of Attacking Residential Buildings in the Gaza Strip, Summer 2014.

B'Tselem. 2014. 50 Days: More than 500 children: Facts and Figures on fatalities in Gaza, Summer 2014.

B'Tselem. 2013. Human Rights Violations during Operation Pillar of Defense. November 2012. May.

B'Tselem. 2009. Fatalities during Operation Cast Lead

B'Tselem. Februar 2009: Guidelines for Israel's Investigation into Operation Cast Lead

Gisha. 2012. Food Consumption in the Gaza Strip – Red Lines. Einsehbar auf der Webseite von *Gisha*: gisha.org

Goldstone Report. 2009 (15. Sept.). Human Rights in Palestine and other Occupied Arab Territories. Report of the United Nations Fact Finding Mission on the Gaza Conflict.

Human Rights Council. 27. September 2010. Report of the International fact-finding mission to investigate violations of international law and human rights law, resulting from the Israeli attacks on the flotilla of ships carrying humanitarian assistance.

Human Rights Watch. 2021 (April 27). A Threshold Crossed. Israeli Authorities and the Crimes of Apartheid and Persecution. www.hrw.org

Human Rights Watch, 2. April 2017. Unwilling or Unable. Israel Restrictions on Access to and From Gaza for Human Rights Workers.

Human Rights Watch. 16. September 2009. Israel/Gaza. Implement Goldstone Recommendations on Gaza. UN Security Council should ensure justice for victims. Geneva

Human Sciences Research Council of South Africa. May 2009. Occupation, Colonialism, Apartheid? A re-assessment of Israel's practices in the occupied Palestinian territories under International Law. Cape Town.

Palestinian Centre for Human Rights, Gaza. 2009. Targeted Civilians. Herunterzuladen auf der Webseite des Zentrums: pchrgaza.org

UN Independent Commission of Inquiry on the 2018 Gaza protests. 28. Februar 2019